JN240021

Spotlight Your Expertise

オンライン講座の作り方と売り方

カー亜樹

あなたの知識、スキル、ノウハウは誰かの価値になる！

つた書房

CHAPTER **01**

今すぐはじめよう！　オンライン講座ビジネス

CHAPTER **02**

オリジナル講座作りの前に決めること

CHAPTER 03

アイディアを講座化しよう

CHAPTER 04

動画の撮影とeラーニングサイトの構築

CHAPTER 05

理想の受講生を集客する

CHAPTER **06**

長く売れ続けるためのヒント

ご購入特典プレゼント

講座作りに役立つ9つの特典をプレゼントします。
今すぐダウンロードしてご活用ください。

- **特典❶** 36の実践ワークの進め方
- **特典❷** 受講生の心の内側、 本音を書き出す共感マップ
- **特典❸** 悩み100個書き出しワークシート
- **特典❹** 受講生を成功に導く講座設計の11のヒント小冊子
- **特典❺** くり返し使える体験会・説明会テンプレート
- **特典❻** 14日間無料でUTAGEをお試しできるリンク
- **特典❼** UTAGEで会員サイトIDを自動発行する方法
- **特典❽** ゼロから作るオンライン講座2日間チャレンジ
- **特典❾** オリジナル講座自動化 丸わかりセミナーへ特別ご招待

プレゼントはこちらからお受け取りください。

直接ブラウザに入力する際には下記のURLを ご入力ください。
http://e-lifegoal.com/book/

※特典は著作権法で保護された著作物です。 許可なく配布・転載を禁止します。
※特典は予告なく終了する場合があります。 お早めにお申し込みください。

CHAPTER 1

今すぐはじめよう！
オンライン講座
ビジネス

SECTION 01

人生の後半が輝く働き方へ

人生の後半、どんなふうに生きていこうか？

「これからどんどん年を取ってきたら、一体何歳まで働けるのだろう？」

「今より体力も弱ってやれることがどんどん少なくなって、活動が縮小してしまうのかな？」

「あくせく働くのはイヤだけど、生涯現役で人生の後半も活躍していたい」

もしそう思うなら、この本はあなたにぴったりかもしれません。しかも今、大チャンスの波がきているのです！

この本では、ズバリ、あなたのこれまでの経験、知識を講座にまとめて、インターネット上にいつでも受講できる学習サイトを構築し、くり返し学べるオンライン講座を構築する方法を紹介していきます。このオンライン講座作りに取り組むことで、好きなことを仕事にして、好きな場所で、好きな時間に働くライフスタイルを手に入れることが可能です。

しかも、たんに講座を作るだけではなく、長く売れるオンライン講座に育てていくための方法もお伝えしていきます。

人生を輝かせるヒントは、あなたの人生の中にある

工夫次第では、理想のライフスタイル、収入、働き方が手に入ります。自由に自分らしく輝く、オンライン講座を構築する準備を今すぐスタートしていきましょう！

もしかしたら、「いやいや。自分には講座にして提供できるようなものは何もない」と思っている人もいるかもしれません。でも、安心してください！

実は、これまでに就いた仕事での経験や知識、学生時代のアルバイト、学校生活や、日常生活、海外での経験で培った知識、スキル、ノウハウ、ずっと好きで長く続けて

いることは、すべて講座化することができます。

そして、あなたがなぜそれに取り組み、何を得てきたのか？　どんな問題を乗り越え、変化したのか？　さまざまな課題を見つけて解決してきた経験が、オンライン講座のカリキュラムになり、他者と差別化できる最大の強みになります。

今の時点では、自分の中からどんな講座アイデアが出てくるのか、予想ができないかもしれません。「自分は何が教えられるだろう……」「何を講座にするのがいいんだろう？」と考えている人も、まずは「今はまだわからない」という状況を楽しみながら、オンライン講座作りの最初の一歩を踏み出してみましょう。

「教える仕事」でこれまでの人生の道のりを輝かせていきましょう。

SECTION 02

オンライン講座を開催する働き方のメリット

オンライン講座ビジネス7つのメリット

転職、出産や、結婚、引っ越しなど、環境やライフスタイルが大きく変化したとしても、オンライン講座があれば、その影響を受けずに続けていくことができます。この働き方にはいろいろなメリットがありますので、紹介しますね。

メリット1　時代の流れ、トレンドに対応したビジネス展開ができる

あなたの得意と時代のトレンドを掛け合わせれば、いくらでも講座を作り続けられます。時代の流れの移り変わりの中で、今までの常識や当たり前が大きく変わっていくのは、ちょっと寂しい気がするかもしれないけれど、新しい時代は、新しいチャン

スをもたらしてくれます。

メリット2　**完全オンライン化で経済的な自由と時間の自由が得られる**

オンライン講座では、会場を借りたり現地に行く必要がなくなります。学習サイトを作って講座を販売すれば、教える仕事の自動化が実現できます。

メリット3　**動画講座があなたの代わりに講座・セミナーを開催してくれる**

作成した講座を動画で録画して、学習サイトにアップロードしてしまえば、あなたの代わりに動画が何度でも説明を行ってくれます。受講生も自分の好きな時間に学べるので喜ばれますよ。

メリット4　**一日中忙しく、体力限界まで働く必要がなくなる**

「働くことが生きがいなの！」と今はいえても、年を取ってくると体に優しい、楽な働き方のほうが、病気を遠ざけストレスも減らせますよね。

メリット5　新しい世界、価値観に触れて可能性がもっと広がる

オンライン講座ビジネスをはじめたら、あなたも有名講師の仲間入りができます。今まで出会わなかった人との新しい接点が増え、憧れていた人と一緒に仕事ができる日がグンと近づきます。地元を離れて東京や、全国に活動の場を広げたり、メディアに取り上げられたり出版のチャンスも広がります。

メリット6　続けていけばいくほど講座のネタがどんどん増える

私は、新しい土地で新しい景色や人に出会うのが大好きで、二拠点生活をしてみたり、マイルを貯めて息子と飛行機代ゼロ円で世界一周をしてみたり、時間と場所に縛られずネットを活用してコンサルの仕事をして、常に新しい体験や情報にふれていきます。実はこういう経験が、次の講座のアイディアにつながっていきます。

メリット7　「学ぶ→体系化する→教える→また学ぶ」をくり返してどんどん拡大できる

学んだことをどんどん講座にして販売することで、活動の幅も広がり収入も増える

でしょう。頂いたお金はたんに貯金するのではなく、次の自己成長のために使っていけば、どんどん新しい価値を手に入れることができ、それをまた講座にして提供することで、お客様に還元していけるようになります。

でも、「講座をどんどん売ってお金をガッツリ儲けるぞ！」などというお金儲けを目的にオンライン講座をしてしまうのはおすすめしません。お金以上のやりがいと世界をよりよくする力を手に入れてください。

経験ゼロでもオンライン講座の講師をおすすめする理由

なぜ、経験ゼロでもオンライン講座の講師になることをおすすめするのか？

それはズバリ、「ポイントを絞って効率的に学べば、2～3年でちゃんと教えられるプロ講師になれる」からです。

未経験からはじめても、あなたのこれまでの貴重な経験を魅力的なカリキュラムにできれば、「教える仕事」をすぐにはじめられます。

今40歳だとして、あと30年生きるとしたら、今ゼロからはじめても、70歳の頃には「この道30年のプロフェッショナル！」です。あるいは「業界のレジェンド」にもなっているかもしれません。

すごい先生と比べてしまうと、自分はまだまだ経験がないと思うかもしれません。でも「すごい先生」もはじめたときはあなたと同じゼロからのスタートなのです。だから今ゼロでも気にせず、一日も早くスタートしてプロフェッショナルを目指しましょう。

SECTION 03

オリジナル講座の5つのパターン

売れるコンテンツを作るには？

オンライン講座のコンテンツは、売れるコンテンツ、顧客に支持される満足度の高いコンテンツにしなければなりません。

思いつきでいきなり動画を撮影しても、価値の低い、満足度も達成感もない講座では売れません。

対面で売れないものは、オンライン上でも売れません（強引なセールスで売れたとしても長続きしません）。

これから作るのは「売り込まなくても自然に売れるコンテンツ」です。

そういわれても、はじめての人はオンライン講座作りをどのようにはじめたらよいのか、どのような内容を提供すべきかで迷ってしまうでしょう。

でも、安心してください。今からオンライン講座を作り、人気講座に育ててからeラーニング化することを前提とした5つのセミナーパターンを紹介します。この中から、自分に合ったものを選択してみてください。

あなたの経験を商品化する5つのパターンはこれ！

5つのセミナーの種類を紹介します。書き出した参考例は、ほんの一例です。「自分が得意なことが、どの講座にできそうか？」という視点で考えてみてください。ワークでは「こんなのでもいいの？」というアイディアでもいいので、できるだけたくさん書き出してみましょう。

1．教養講座

目的

教養講座は、幅広い知識を提供し、受講者の知的好奇心を満たすことを目的とした講座です。知りたい、学びたい、広く学びたい、極めたいという人に知識を提供します。自分が学んできた知識を体系化して講座化します。

メリット

・広い知識を得られる、専門知識が豊富になり教養が深まる
・広範囲のトピックを扱うことで、多くの人にアピールできる
・習熟度に合わせたステップ、ステージに細分化すれば、長期的に安定した継続者を確保できる

ワーク：あなたならどんなトピックで講座作りができそうですか？

例）「薬膳講座」概念、歴史、理論、食養生、食材の合わせ方・調理法、レシピ作

り、体質改善の講座を構築する…など

例）「海外留学で夢を叶える方法」大学選び、準備、かかる費用、渡航中のトラブル解消法、現地での食事、ライフスタイル、次の進路・カリキュラム選択、友人・相談相手の見つけ方、帰国後のキャリア形成について…など

2. スキル取得講座

目的

特定のスキルやノウハウを習得し、実生活やビジネスに活用することを目指す講座です。

知識を知って満足させるのではなく、実際に実践して、スキルを習得することを目的とするので、実際に行動し、体を動かしてもらうことが必要です。自分自身が問題を抱えていていろいろ実践したこと、失敗談、成功した方法をカリキュラム化します。

メリット

・実践的なスキルを習得できる
・実践すれば、即効性があり、すぐに成果を実感できる
・専門性が高く、価値のあるコンテンツとして提供できる

ワーク：あなたならどんなトピックで講座作りができそうですか？

例）「食事制限せずに、ストレスフリーでダイエットする方法」生活改善、マインドの持ち方、日々のルーティンワーク、食事法、運動、家族の協力を得る方法

例）「若返りを目指す小顔マッサージ」マッサージの手技、生活改善、マッサージに必要なもの、悩み別解消法、頭皮を引き締めるマッサージ
「子育てコーチング講座」「ケトジェニックダイエット講座」
「妊活ペアマッサージ講座」「ＷＥＢライティングマスター講座」

3. 養成講座・資格取得講座

目的

自分が持つスキルを伝授し、新しいスキルでの活動を後押しすることを目指す講座です。

スキルや知識を他者に提供できる能力を身につけられます。インストラクター養成、講師やコーチ、施術家、セラピストを養成し活動できるように指導します。

メリット

・自分で実践できるスキル、誰かに教えるスキル、サービス提供するスキルが身につく
・受講生に新たなビジネスチャンスを提供できる（メニューや活動範囲が広がる）
・教える講師自身はレベルの高い受講生を指導するのでさらに自分も学び、成長、レベルアップできる

ワーク：あなたならどんなトピックで講座作りができそうですか？

例）「アイシングクッキー教室講師養成講座」教室で提供するカリキュラム、教え方、生徒管理、集客方法…など

例）「メダカを繁殖して、メダカビジネス成功オーナー養成」「記録を次々更新する週末ランナー養成講座」「新ＮＩＳＡで小金持ち資産家 養成講座」…など

4. 商品を販売・ＰＲ販促できる講座

目的

自社の商品やサービスをオンラインで販売したい人向けの講座です。自社の商品やサービスの価値や性能、権威性を伝えながら、販売促進を図ることを目的とした講座です。

商品の魅力、開発秘話、ミッション、ビジョン、想い、商品活用法などを伝えます。講座を聞くうちに、「あなたから買いたい！」という気持ちになれるのが特徴です。

メリット

・商品の認知度が向上し、ファン化、リピーター化できる
・受講者がアンバサダーとなり、口コミで広げてくれる人が増える
・信頼性が高まり、ブランド力が強化される

ワーク：あなたならどんなトピックで講座作りができそうですか？

例）「ミツバチを保護する みつろうエコラップの普及セミナー」…自社のみつろうエコラップを販売、ミツバチ保護活動・環境保護をＰＲ
「骨盤ベルトを使った、骨盤ダイエットセミナー」…骨盤ベルトの販売
「オーガニック調味料の選び方、美味しい料理の作り方」…自社のオーガニック調味料を販売
「ペット服の作り方セミナー」…型紙を販売、ペット服オーダーを受注
「売れるホームページの作り方」…ホームページデザイン制作受注
「アロマセルフケア講座」…アロマオイル・マッサージ講座の販売

5. お試し・体験セミナー

目的

商品やサービスの魅力を実際に体験してもらい、必要性や価値を理解してもらうことを目的とした講座です。

主に、1、2、3の講座を販売する前に、コンテンツの体験会として開催します。短時間で価値が伝わるように内容をしっかり設計しないと後続の商品が売れないので、参加するだけで買いたくなる流れ作りが重要です。お試し・体験セミナーでの強引な売り込みは禁物です。無理に買わせると、満足度が下がり、悪い口コミが広がるので要注意です。

メリット

・参加者が実際にお試しで体験できるため、納得感が高まり、商品・カリキュラムのよさを実感してもらえる
・参加者からの生の声、フィードバックを得やすい

ワーク：**あなたならどんなトピックで講座作りができそうですか？**

例）体質改善セミナーの一部をお試ししてもらい、内容を体験してもらう
コーチ養成コースを体験してもらい、自分のニーズに合うか、価格に見合う内容かを確認してもらう

さあ、動きだそう！

以上の5つのパターンの中から、自分のやりたいことに合った講座を構築していきましょう。人によっては1～5まで段階的に作るかもしれませんし、どれか1つだけ作ろうと思ったかもしれません。目的に応じて取捨選択していきましょう。

はじめて講座を作る人は、いきなり長編を作るのではなく、60分程度のものからチャレンジしてみましょう。

「講座作りって楽しい！」「他にもいろいろ体系化して作ってみたい」と思ったら、1

の教養講座を作り、ノウハウを学んで、実践したくなった受講生のために2のスキル取得講座を作ります。講師を育成する必要性が出てきたら3の養成講座を開発します。3の卒業生が、あなたのサービスや講座をあなたの代わりに販売してくれるなら、5のお試し体験セミナーの作り方を教えてあげましょう。

これらの、教養講座、スキル取得講座、養成講座、商品販促講座、そしてお試し・体験セミナーは、それぞれが違った役割を持っています。「講座の参加者が誰なのか?」を受講者のニーズに合わせて考え、作成する講座の組み合わせをシミュレーションしてみましょう。講座を上手く作っていけば、受講生を変化させられます。

そのためには、カリキュラムの策定、講座の企画、集客など計画的な取り組みが必要ですが、その具体的な方法はこの後しっかりお伝えしていきますのでご安心くださいね。

SECTION 04

講座ビジネス構築ロードマップ

講座ビジネスを構築する流れを確認する

どのように講座を作り、販売しビジネスにしていくのか？　ここでは流れと、各工程でどんなことをするのかの概要を理解しましょう。

ステップ1　悩み・ターゲット分析

受講生の悩み・ニーズ・課題を分析。講座の方向性を決定するために必要な情報を収集します。

・講座のターゲット受講生を設定

誰のどんな悩みを解決するのかを決めます。講座のターゲット受講生を明確に設定し、彼らの課題や求めている解決策を理解します。

・ヒアリング・リサーチする

ターゲットになりそうな受講生に対し「何に困っているか、どんな講座なら受けたいか」というアンケートやインタビューを実施します。

・競合分析

競合の分析を行い、他社がまだやっていないこと、ギャップやチャンスを見つけ出します。あなたの資産、得意なことで、悩みを解決できるターゲット市場を明確にしていきます。

ターゲットが「こうなりたい」と考える未来があるのにそこにたどり着けない理由

は何か、など分析を丁寧に行います。

「自分は誰のどんな悩みを解決できるのか？」を少しずつ明らかにして、自己スキルと照らし合わせながら悩みを解決する具体的な方法を講座に盛り込む計画を立てていきましょう。

受講生が「この講座に出会ってよかった！」と喜んでくれる価値の詰まった講座作りの準備が次のステップになります。

ステップ2　自己スキルの棚卸し

自分の持っているスキルや知識を整理して、講座に盛り込むべき自身の強み・コンテンツを明確にします。

・キャリアやスキルの棚卸し

キャリアや経験を振り返り、これまでに培ったスキルや知識をリストアップします。

自分が得意とする分野や、他人に教えられるレベルにあるスキルを洗い出します。

・自己スキルを整理する

棚卸しで洗い出した専門知識、実務経験、特定の技術、資格、成功実績・発揮したスキルや得られた成果を整理します。

・ターゲットの悩みとスキルをつなげる

棚卸したスキルがターゲットの目標達成を実現するために、どの悩みをどのスキルで解決するのか？　をリスト化します。

自己スキルの棚卸しでは、私にはこんなこともできた、あんなこともできる、これも伝えてあげたい！　とワクワクする宝物を、自分のこれまでの人生ストーリー、生き様から発掘していきます。

受講生の悩みを解消し、素敵なビフォーアフターを作り出すアイディアをとことんリストアップしていきましょう。

ステップ3 カリキュラム設計

効果的な学習体験ができる講座の構成を考え、学習目標を達成するカリキュラムを作ります。

・講座の目標を考える

講座の全体的な目標と各セッションの具体的な学習目標を設定します。

・大まかな内容と時間配分を考える

目標達成に必要な内容を整理し、セッションごとに取り組むトピック、時間配分、順序を決定します。

・講座の詳細を設計する

講義、演習、ディスカッションなどを盛り込み、受講生が主体的かつ積極的に学べる実践カリキュラムを設計します。学習効果を評価するテスト、課題、よくある質問への対応も計画に含めましょう。

カリキュラム設計ができたら、大まかなシナリオ作成を行います。受講生が段階的にスキルや知識を習得できるか、全体としてまとまりのある講座になっているかをチェックしましょう。

ステップ4　0期生募集&集客

1期生の本格募集の前に0期生を集めます。作ったカリキュラムをテストします。

・ターゲットへのメッセージを考える

講座の目的、メリット、受講意義が伝わるメッセージを作成します。

・講座募集ページを作成

・魅力的な募集ページを作成、講座の詳細情報や申込フォームを設置

・プロモーション、集客

ＳＮＳ、ブログ、メールマガジン、ＷＥＢ広告など、講座のプロモーションを行います。０期生募集は、自分の知り合いなどに声をかけていきます。

また、ＷＥＢセミナーや無料体験セッションを開催して見込客に講座の価値を直接伝えます。

・集客効果の分析と改善

集客活動の効果を測定、パフォーマンスを分析し、改善します。より多くの受講生を効果的に集め、講座の成功に繋げます。

ステップ５　オンライン講座の実施

申し込んでくれた受講生に、講座を受けてもらいます。受講生に自らの学習目標を

達成してもらうために、質の高い学習体験を提供できるよう工夫します。

・最初はリアルタイムで講座を実施する

設計したカリキュラムに従って、講座を実施しましょう。0期生の講義はリアルタイム、オンラインで実施するのがおすすめです。慣れてきたら撮影・編集した講義動画を使用し、受講生が自由な時間に学習できるようにします。

・ライブセッションやコンサルを開催

ライブセッションやQ＆Aコンサルを定期的に開催し、受講生と直接対話できる機会を提供。受講生が主体的に参加して疑問を解消し、理解を深められるようにします。

・課題やワークを実施

課題やワークを通じて、受講内容の復習や反復学習を提供。受講生の進捗状況を管理し、個別にフォローアップして学習の定着度を高めます。

・理解度を確認しながらやる気を引き出す

定期的なテストやスキルチェックを実施し、理解度を確認します。受講生が積極的に参加して学習のモチベーションを維持するオンライン交流会を行い、コミュニティの一体感を育てるのも大事です。

ステップ6　講座の改善&次期の募集準備

受講生からフィードバックをもらい、それを元に講座をブラッシュアップします。よりよい内容やサービスに改善し、講座の充実度を上げましょう。

・フィードバックをもらう

講座終了後は、アンケート、レビュー、個別の意見交換などを通じて、受講生の感想や改善点を集めます。受講生の声として次回の募集に活用します。

・改善する

運営方法、カリキュラムの難易度は適切か？　内容の充実度、時間配分、学習効率アップを検討し改善します。

・次期募集の準備

次期募集の準備を開始します。集客の見直し、PR素材の更新、新たな集客ルートの開拓などやるべきことはたくさんあります。一つ一つ実行しましょう。

6ステップができあがったらステップ7へ

まずはこの6ステップを順番に取り組むことで、質の高い講座を構築し、回数を重ねるごとに受講生の満足度を高められます。

受講生のニーズを理解し、自分のスキルを最大限に活かした講座を設計し、継続的に改善を行いながら、次回の募集に備え、くり返し成功する講座を作りあげていきましょう。

講座カリキュラムに修正がなくなってきたらステップ7の動画撮影やステップ8のeラーニングサイト作りに進みます。

ステップ7　動画撮影

カリキュラムに沿って、自己学習用の映像コンテンツを制作します。見てわかりやすい魅力的な動画講座を作っていきましょう。最初はスマホカメラで撮影するなどできることからチャレンジしましょう。

・詳細な撮影シナリオを作成

撮影シナリオを詳細に作成し、わかりやすい表現で講義を進められる様に各シーンの内容や進行を明確にします。

・理解が高まる動画を撮影する準備

講義の要点を強調するための視覚的な補助資料（スライド、図表など）を用意します。必要に応じて、プロのカメラマンや音響技術の導入も検討します。

・リハーサルと撮影

適切な撮影機材（カメラ、マイク、照明など）を準備し、撮影場所を選定し、リハーサルを実施します。画角やアングルに問題なければ動画を撮影します。

・動画を編集する

撮影後、不要部分を編集し、効果音やテロップを追加し学習動画にまとめます。

スライドを挿入したりナレーションやＢＧＭを追加して学びやすい動画コンテンツを制作します。

ステップ8　eラーニングサイト構築

eラーニングとは、スマホやパソコンを利用して行うオンライン学習の総称です。eラーニングサイトを構築すれば、自己学習商品として販売できます。

・eラーニングシステムを決定

利用するeラーニングシステムを決めます。デザイン、操作性、機能、価格などの選定基準から、選定しましょう。

・講座を作成・アップロードする

eラーニングサイトに講座の構成を設定し、動画や教材をアップロードします。また、受講生が迷わない構成を心がけ、各セクションへアクセスしやすくしましょう。また、ブランドの世界観に合うデザインや素材を用意します。

・進捗管理機能の設定

講座の進行状況やログイン状況をチェックできるように管理機能を設定します。

・テストを行う

設定が終わったら、受講生が問題なく快適に学習できるかをテストします。テストが完了したら販売をスタートしましょう。

講座ビジネス構築ロードマップ

講座ビジネス構築ロードマップ

01 悩み・ターゲット分析

受講生の悩み・ニーズ・課題を分析。講座の方向性を決定するために必要な情報を収集。

02 自己スキルの棚卸し

自分の持っているスキルや知識を整理して、自身の強み・コンテンツを明確にする。

03 カリキュラム設計

効果的な学習体験ができる講座の構成を考え、学習目標を達成するカリキュラムを作る。

04 0期生募集&集客

1期生の本格募集の前に0期生を集め、作ったカリキュラムをテストする。

05 オンライン講座の実施

申し込んでくれた受講生に講座を受けてもらう。質の高い学習体験を提供できるよう工夫をする。

06 講座の改善&次期の募集準備

受講生からフィードバックをもらい、それを元に講座をブラッシュアップする。

07 動画撮影

カリキュラムに沿って、自己学習用の映像コンテンツを制作。理解が深まり、わかりやすい動画講座を撮影する。

08 eラーニングサイト構築

スマホやパソコンを利用してスムーズに学習できるeラーニングサイトを構築する。

CHAPTER 2

オリジナル講座作りの前に決めること

SECTION 01

講座作りのフローチャート

講座作りのフローチャート

これから作っていくオリジナル講座は、どのような手順で作っていくのでしょうか。次ページのフローチャートでこれからやるべきことを確認してください。

はじめて講座を作る場合や商品を売ったことがない場合は、次ページのフローチャートに沿って「自分の中の好きを見つける」から、1つずつ進めていきましょう。

過去に講座を作ったことがある場合は、すでに見込客がいるので、「誰のどんな悩みを解決」するのかを考え、次に紹介する「共感マップを作るステップ」まで進んでください。

講座作りのフローチャート

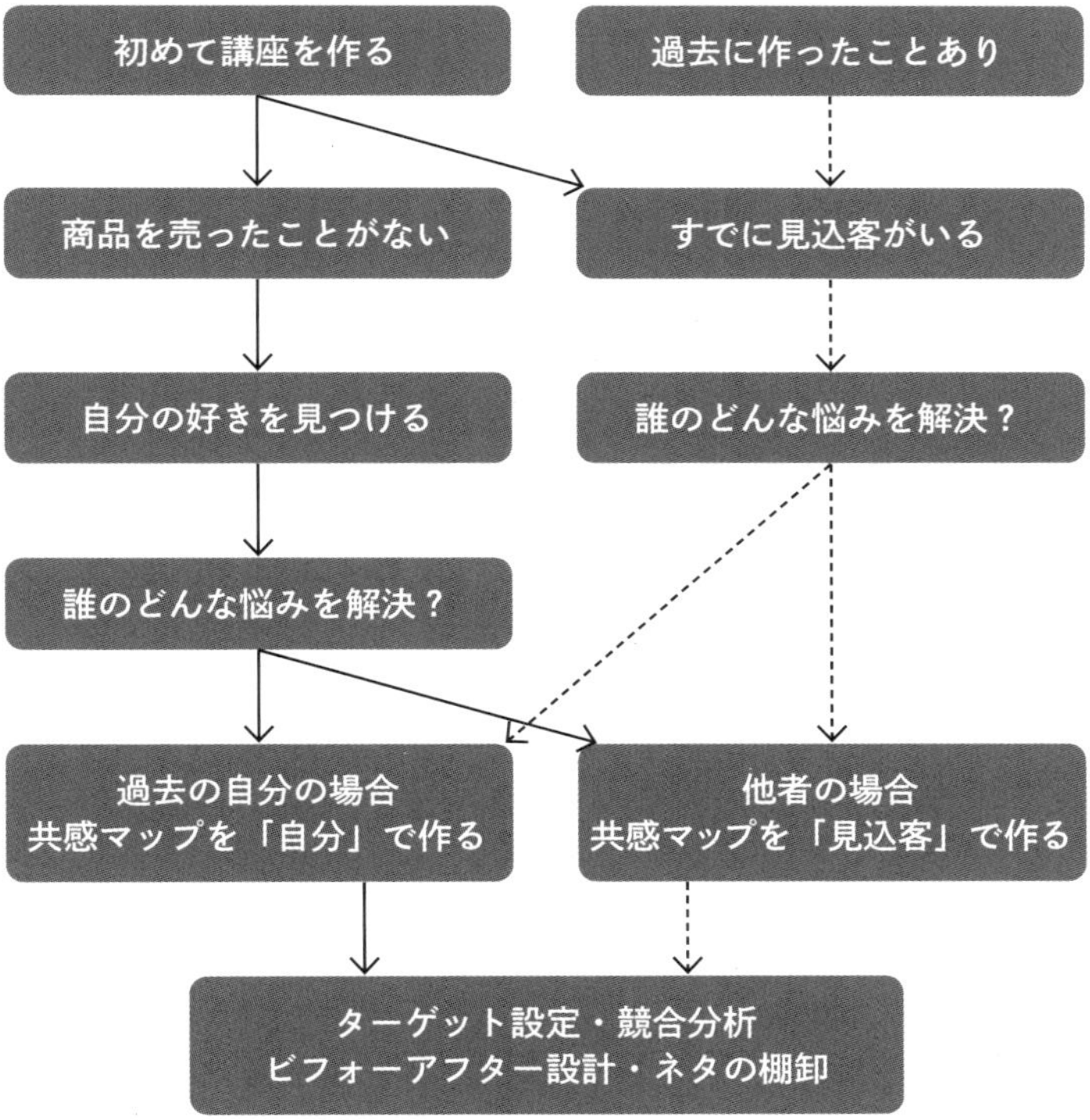

お客様の状態を、以下の様に定義して進めていきます。
見込客：購入前
受講生：購入後のお客様
卒業生：講座を卒業した生徒
フォロー生：卒業後の継続サービス受講中

SECTION 02

自分の中の「好き」を見つける

自分の想い・価値観を棚卸しする

誰かの問題を解決し理想の未来に導くにはストーリーの設定が必要です。ストーリーとは、感動と成長の物語です。あなたがこれまで生きてきたストーリーには、体験、失敗、葛藤、苦悩があり、それらが問題解決のヒントになります。

唯一無二のあなたのストーリーを語っていくために、棚卸しをして自分の想いや価値観（大切にしていること）を見つけていきましょう。探しまわって見つけた答え、小さな成功体験……それだけでなく、涙を流した経験さえも誰かを理想の未来に導くコンテンツになるのです。

次ページの棚卸しの項目すべてを書き出して、**あなたの中に眠る宝物一つ一つに、**

スポットライトを当てていきましょう！

これらはすでにそこにあります。直感やひらめきを大切に、心の声に敏感になって再発見してください。まずは、このリストに回答して、あなたの想い、価値観を明らかにしていきましょう。好きなノートに書き出してもいいですし、専用ワークシートも本書特典として用意しています。

すでにお客様やビジネスの方向性が決まっている人も、ニュートラルな気持ちで棚卸ししてください。新しい発見があるでしょう。

まだ、ビジネスやお客様が決まっていない人は、特に自分が何を得意としていて、どんなことを提供できるのかをこの棚卸しでリストアップしていきましょう。このワークで自分の軸が見つかると、講座の方向性もぶれなくなります。

自分ストーリー棚卸しワーク

・一番楽しいこと、充実していると感じることは?
・時間を忘れて夢中になれることは?
・成功体験は? そのとき何をしてどんな気持ちになった?
・失敗体験は? そのとき何をして解決した?
・自分が人一倍得意、平均以上にできる能力は?
・得意なこと、これが好き! と思えることは?
・興味があったこと、興味があることは?
・自分のすばらしさが発揮できているときはどんなシーン?
・自分のすばらしさが発揮できていないときはどんなシーン?
・思わず行動してしまう、体が動いてしまうことは?
・他者の欠けている部分をあなたが埋められるとしたらそれは何?
・これまで経験したこと(幼少期、アルバイト、学校で、仕事で)
・これまでに学んだこと(幼少期、アルバイト、学校で、仕事で)
・ずっと長く続けている趣味、習い事、継続していることは?
・チャレンジしたこと、あきらめずに達成できたこと
・社会に役に立てることは何? 何をして役に立てますか?
・本当はやりたかったけどやってこなかったことは?
・人生後半、これはやっておきたい、成しとげたいことは?
・あなたのミッション、ビジョンは?
・あなたの強み、実績は? 年数など数字も書き出しましょう
・なぜ今の仕事をしているのですか? 過去選んだ仕事は、なぜその仕事をしていたのですか? そこで得た知識スキルは?
・生まれて以降の小さな成功体験を思いつくだけ書いてください
・目標達成のために取り組んでいることは?
・まだあまり誰にもいっていない密かな野望は?
・オリジナル講座にして売ってみたいものは?
・天命、天職について考えたことがあるとしたら、それは何ですか
・好きな言葉、名言は?
・最終的にどうなりたい? 何を目指している?
・あなたにとって最も大切なことは?

SECTION 03

受講生を決める

誰のどんな悩みを解決？

「あなたはこれから誰のどんな悩みを解決しますか？」といきなり訊かれたら何と答えますか？

「受講生のことは、寝ても覚めても考えていて悩みを知り尽くしているから、任せて！」という人以外は、なかなか言語化が難しいと感じるはずです。まずはざっくりと書き出してみましょう。

あなたは、これからオンラインで届けられる講座を開催します。

・講座の受講生は誰ですか？

・一番役に立てるのは、どんな人でしょうか？　何が求められていますか？
・誰のどんな悩みを解決しますか？

最初は一つに定まっていなくても構いません。まずは仮決めして先に進みます。いつでもこのセクションに戻ってきて決め直しましょう。

先に仮決めしておくことでより具体的なお客様像を分析でき、講座作りの最初の一歩を踏み出せます。方向性が定まり、内容にブレがない講座を作ることができます。

次に、受講生の悩みを考えていきましょう。

受講生は誰で、どんなことで悩んでいる人？（ビフォーの状態）

・受講生が抱える課題は？　何に悩んでいる人でしょうか？
・得たいことは？　知りたいことは？
・寝ても覚めても悩んでいることは？　お金を払ってでも解決したい悩みは？

受講生の決め方は、３パターン

パターン１は、過去の自分です。あなた自身が何かに悩んでいて、「こんなふうになれたらいいな」「こんなことが得たいな」と思っていたことをリストアップして書き出してみましょう。葛藤していたこと、こうなりたいと思っていたのにできなかったこと、一歩踏み出せなかったことなど。

パターン２は、あなたが助けたい人、救いたい人、力になりたい人です。あなたの好きなことや得意なことを提供することで、助けることができる人は誰なのか？　これまでの経験を振り返ってみてください。

パターン３は、誰を助けたいのか、まだピンポイントでわからない場合です。いろいろできることはあるけど、自分が何の役に立てるのかがわからず漠然としている場合は、「何か困っていることはないですか？」と、10人程度にはヒアリングしてください。

・解決したいけどやり方がわからなくてずっと悩んでいることは？

・「こんな情報や知識を教えてくれたら解決できるのに」と思うことは？

「講座は作りたいし、自分にできることがきっとあるはず！」と思うのに、誰に提供できるのかが、まだ漠然としている場合にとても有効です。まずは過去の自分と似た属性の人、同じ興味を持っていそうな人からヒアリングしましょう。

集まった情報の中から、一番自分が役に立てる人を選びます。

このとき、誰を助けたいのか、自信を持って選べたらベストですが、決めきれない場合は、「こんなことで悩んでいるこういう人たち」という所まで絞れたら大丈夫です。これで、ビフォーの状態が決まったので次は、アフターの状態を決めます。

講座終了後のゴールの状態をイメージして書きだす

受講生がゴールした姿をイメージしてみましょう。

その悩みを解決したらどうなれますか？（アフターの状態）

・講座を受講したら、何が得られるのか？
・得られる知識、ノウハウ、スキル、何ができるようになる？
・いろいろ得られた結果、最終的にどうなれる？　どんな人になれる？
・どんな未来が手に入りますか？
・講座の最終日には、何といって喜んでくれていますか？

受講生は解決法がわからないまま進み続けて、受講の過程でいろんな知識、経験、解決法を手に入れていきます。少しずつ力をつけ成長し、講師や仲間の力を借りて、諦めずに取り組んだ結果、最終的にどんな成長を遂げているでしょうか？　彼らの理想の未来と、ゴールをイメージしてみてください。

それを例えるなら、一度も挑戦したことのない山に登って、やっと頂上にたどり着いたとき、あるいは、はじめてチャレンジしたマラソンで、何度も挫けながらトラブルを乗り越え走り続けて、フィニッシュラインに到達したなどの状態です。

とてもワクワクしていて、清々しくて、楽しくて、達成感を感じている状態です。

そして、このゴールを達成できたのは、あなたの助け、指導のおかげです。ゴールは、どんな未来でしょうか？

受講生を助けるあなたの立ち位置を決める

ではあなたは、ゴールまでどんな人としてサポートしたのでしょうか？　あなたの立ち位置、ポジションを決めましょう。

あなたは、受講生をどのような立ち位置で助けますか？

・師範、マスター、講師、魔法を授ける魔法使い、トレーナー、メンター、コーチ、コンサル、話をトコトン聞く人、天の声を届ける人…など

・それは、あなたが何をやったから解決できたのでしょうか？（教えた、相談に乗った、一緒に取り組んだ、実践できるまで付き合った、質問に答えた、伴走した、長期間フォローした、悩みをしっかり聞いたなど）

・具体的にどんな立ち位置？　役割は？　その人とどう関わったのでしょうか？

講座の最終日には、何といって受講生を称賛しますか？

書き出したイメージをまとめていきましょう。

書き出した要素から、次の穴埋め作文を作成してください。あなたの立ち位置を言語化してみましょう。

私は○○な方の△△な悩み・課題を□□な立ち位置で解決しました。それは○○なこと（複数書いてみる）でサポートしたからです。

ここで数パターンの文章ができる場合もあると思います。そのどれもが講座にできる可能性はありますが、同時進行で作っていくのは時間的にムリがあります。まずは1つに決めてくださいね。

さて、できたでしょうか。すごい！　オメデトウございます！　これで最初の講座のお題が見えてきましたね！

さらに受講生を細分化して特徴を分析しましょう

先ほど決めた「誰」の部分を細分化していき、受講生は、「どんな特徴を持った人なのか？」「具体的にどんな人なのか？」をイメージできるようにしていきます。このプロセスは、講座の対象者をあなたが明確にするために重要なことなのですが、同時に、見込客がそれを見たときに、「それ、私のことだわ！」「自分の悩みにぴったり！　そうなりたいと思っていたの！」と興味を引き、振り向かせるためのものです。この作業は、マーケティングで「顧客セグメント」と呼ばれ、顧客の傾向、ニーズを把握するために必要なプロセスです。

私たちは、大企業ではないので、テレビCMや大規模な広告で大量の見込客に訴えるわけではありません。そのため誰のどんな悩みに対応するのかを細分化したほうが早く見込客にリーチできます。

SNSやインターネットの普及などで、いろんな価値観も認めあえる世の中になり、顧客のニーズも需要も多様化しています。

そこに対応できるのが、**私たちがこれから作っていく講座**なのです。

大企業や行政が時間をかけて対処するやり方をしていては、実現するまでに時間も予算もかかってしまいます。私たちの強みは、素早くニーズをとらえ、小回りよく、柔軟に作っていけること。その強みを発揮するには、セグメンテーション（顧客を細分化し分類）を行い、狙った見込客に講座の情報を届けることです。

セグメンテーションで受講生をさらに明確にする

受講生の詳細を考えてみましょう

・住んでいる地域は？　都市部に住んでいる？　地方都市？　離島？　海外？
・気候は温暖？　雪国？　性別は？　既婚？　家族構成は？
・年代、ライフステージ、所得、資産、ライフスタイルなどは？
・職業（会社員、経営者、起業家）、性格（外交的、内向的）、価値観などは？

ここに自分の得意な属性、悩みが共感できる分野も盛り込み書き出しましょう。

たとえば、「ビジネス一筋で世界の最前線で交渉し、仕事だけに没頭してきた人が、乳児の寝かしつけに困る睡眠不足の育児中の母親の葛藤にどこまで寄り添えるか」と考えても、ちぐはぐな状況を解像度高くイメージすることは、難しいですよね。

自分の強みがすでにわかっている人は、自分の強み・得意分野も考慮して自分の得意な顧客を特定して書くと、あなたのお役立ち度が増します。

誰のどんな悩みに役立てるのか？
（例）
・40代以降で、独立起業したい女性
・トレーニング好きで痩せたいビジネスマン
・アレルギーが気になる方向けの自然派の食事
・料理をかんたんにすませたいけど、健康のための栄養にこだわりたい人
・セルフケアで肌質を改善したい40代女性

このように、セグメンテーションを進め、

誰のどんな悩みの役に立つのか？

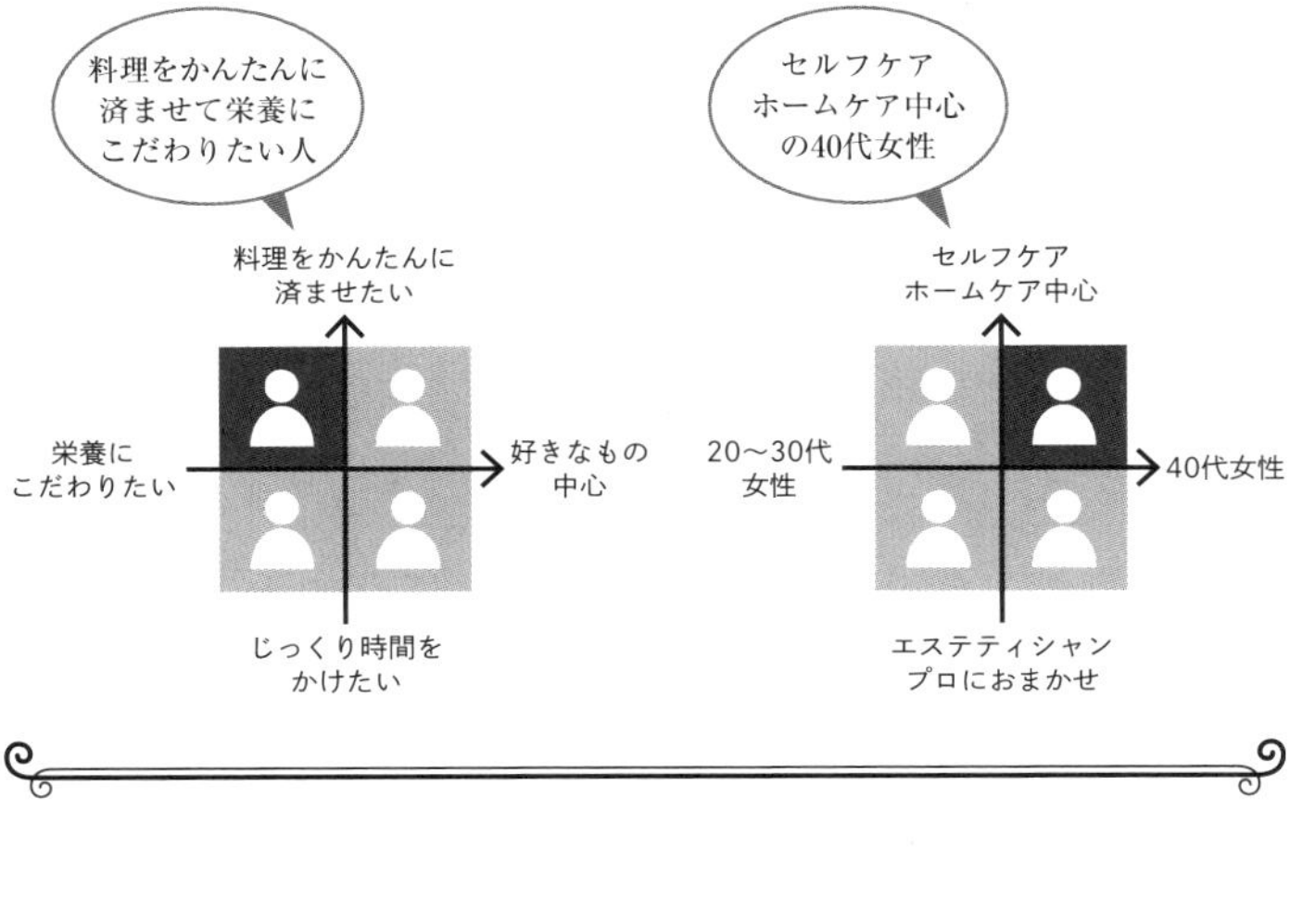

どこに訴求するかを決めましょう。

受講生の心の内側、本音を書き出す共感マップ

細やかなニーズに対応し、受講生の悩みに寄り添うためには、共感マップが役立ちます。受講生が何を考えているのかつかみきれていないとき、まだ言語化できていていないときにもとても有効です。

※共感マップは8ページのQRコードからダウンロードできます。

この共感マップは、私のコンサル生や、お客様に使っていただいてとても大好評なのでぜひご紹介させていただきたいツール

共感マップ（❶～❼の数字は記入順）

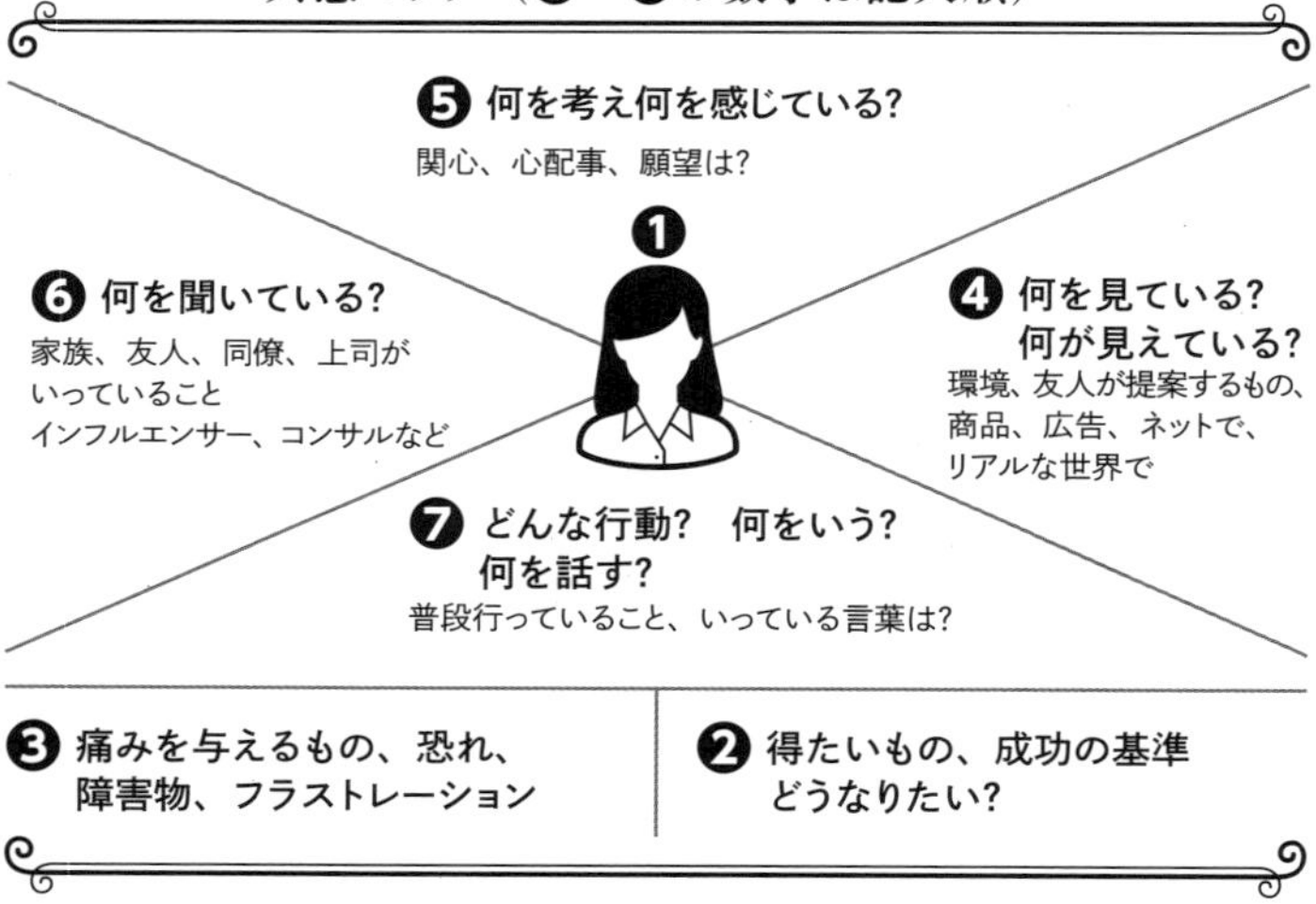

の一つです。紹介個別相談や、カウンセリングでご自身に書いてもらうのもとても参考になるはずです。受講生のより深い所に寄り添い、悩みの理解、問題発見、成功の基準などを書き出し、内側、本音の分析を行います。

コンサルティング事業を展開しているXPLANEのスコット・マシューズ氏が考案した手法で、「**共感図**」や「**エンパシーマップ（Empathy Map）**」とも呼ばれます。

共感マップの作成手順

ステップ1　誰について書くのかを決める

マップの中心が受講生（ターゲット）です。まずはここに受講生の特徴を書きましょう。まだお客様がいない、顧客リストがないときは、過去の自分か、前の手順で決めた受講生を想定します。理想のお客様を想定してもよいです。

ただし、このマップは1人に付き1マップで作成し、他の人とは混ぜないように作成するのがルールです。

ステップ2　顔の中に情報を書く

中心の顔の中に名前、年齢、どんな人かをかんたんに書きます。

ステップ3　ターゲットをイメージして書く・インタビューをする

未来の受講生をイメージして書いていくか、受講生になってくれそうな人にインタビューしたり、ヒアリングを行います。

【インタビューする場合】

先に見込客本人に記入してもらうのがおすすめです。まさにターゲットの頭の中、内側がアウトプットできます。とはいえ、本人は、何に困っていてどうなりたいのかを意識しておらず、悩みに気づいていない可能性があります。一旦書ききってもらった後、さらに質問していくと深いニーズを掘り起こせます。

【イメージして書く場合】

記入してもらう人がいない場合は、過去の自分か、理想のお客様をイメージして書きます。講座を受けた後、一番変化して、一番喜んでくれる人を想定して書きます。何も知らなかったときの自分や悩んでいた自分を思い出して書きましょう。問題解決方法を知っている今のあなたではなく、「見つかる前の自分」の状態までさかのぼります。

ステップ4　手順に沿って記入していく

60ページの共感マップの①～⑦の順に、マップに書き込みをしていきましょう。順番通りに書き終わったら、その後はランダムに思い付いたことをどんどんつけ足していきます。

コツは、その人になりきって書くことです。自分の主観ではなく、ターゲット目線で書きましょう。

①顔の真ん中にどんな人なのかを書く

名前、年齢などを書き込みます（ステップ2参照）。

②右下

得たいもの、成功の基準、どうなりたい？　を書きます。

③左下

痛みを与えるもの、障害物、恐れ、不安、フラストレーションに感じていることを書きます。

④（右）何を見ている？　何が見えている？

環境、友人が提案するもの、商品、広告、ネット、またはリアルな世界で何を見て過ごしているのかを書き出します。

例）

・環境、ＳＮＳ、どんな動画？　どんな広告？　雑誌？　看板、ポスター
・スーパー・書店の売り場で何を探している？　給与明細、投資サイト、預金残高
・顔のしわ、シミをチェック、体重計の数字、成約率、売上の数字、請求書
・サプリのサイトを見ている、商品の添加物チェックをしている…など

⑤（上）何を考え・感じているのか？

関心、心配事、願望を書きます。

例）

・ローンの支払いは大丈夫？　教育費は足りる？　節約しなきゃ
・新しいツールの攻略をしたいな、使い方を知りたいな
・スコアアップするにはどうしたらいい？　このスケジュールで間に合う？
・次のプレゼンうまくいくかな、収入がもっと欲しいな
・願いはどうすれば叶うのかな、お金を増やしたい

・子供の成績が上がらない、子育てに自信がない
・この貯蓄ペースだと老後が苦しい、ショートしたらどうしよう

⑥（左）何を聞いている？

家族、友人、上司との会話など、普段の生活で聞いていることを書きます。

例）

・ネット配信、テレビ、音声教材
・このサプリで5キロやせたよ、また太ったの？
・為替情報（今日のレート）、今後の金利が下がるらしいよ
・ゴシップ、悪口、文句
・そろそろ働いたら？　家でゴロゴロしてるだけでしょ
・何か新しいことをはじめてみたら？　どうして行動しないの？
・結果が出ないならもうやめたら？
・あの人退職して起業するんだって

・いつ孫の顔を見せてくれるの、子供は欲しくないの？
・今の時代はＩｎｓｔａｇｒａｍのリールだよ
・ビジネスを自動化したら大成功したよ

⑦（下）行動　どんな行動をしている？

普段よくしている行動・無意識で思わずやってしまうことを書きます。

例

・ワンオペ育児の後、夜中まで起きて投稿を作成している
・副業情報を調べている、求人情報をチェック
・減量をしようとするが、長続きせず自分を責める、トレーニングをはじめた
・自己啓発の学びをしている、本を読むけど実践しない
・やることを完了できず1日が終わる、夜遅くまでネットサーフィン
・寝付けず何度も夜中に起きている、ＳＮＳを見てヒマつぶし
・サプリを飲んでいるのに痩せない、ついコンビニでスイーツを買う

⑧（下）いっている言葉、セリフ、フレーズ

セルフトーク、誰かにいっていること、休憩中や帰り道に呟く独り言を書きます。

例）

・そろそろ、副業はじめようかな、でもうまくいくかな
・結婚したいのに出会いがない、結婚に向いてないのかな
・忙しい割に売上が上がらない、全然収入が増えないわ
・フォロワーが増えない、バズらないなあ、もうしんどい
・全然痩せない、食べるのが我慢できない
・家が欲しいけどローンは組めるかな、今月も苦しいな
・旦那がわかってくれない、話がかみ合わない
・子供がいうこと聞かない、母親失格かも、疲れた
・もっと楽に、早くできる方法ないかな、いくら時間があっても足りない

ステップ5　共感マップを分析する

共感マップの②と③が、受講生の現在と未来のギャップです。④⑤⑥を見てどんな商品サービスを提供し、どんな手段で悩みを解消して、未来を実現するのか？　共感マップを俯瞰して観察し、思っていることと行動の矛盾点、自力で解決できない問題に対して何を提供すべきか？　自分のどんな強みが受講生に役立つのか？　など、どんどんリストアップしてカリキュラムに取り入れます。

いかがですか？　心の声や本音を書き出せましたか？

実際に講座がはじまったら、最初の授業で受講生全員に自己分析として、共感マップを記入してもらい、講師に提出、シェアしてもらうと、よい顧客分析になります。

SECTION 04

ターゲットの悩みを分析しよう

ターゲット分析とは

ターゲット分析では、共感マップをもとに、ターゲット顧客（受講生）をより深く分析して、属性、悩みをさらに明確にしていきます。

ターゲット分析を丁寧に行なえば、悩みを解決する講座コンセプトも決めやすくなります。

ターゲット分析で行うこと

・受講生の悩み・ニーズ・課題を分析。講座の方向性を決定するために必要な情報を収集します。

・共感マップをもとに、見込客もまだ気づいていない悩みやニーズを把握します。
・アンケート、インタビューなどを用いて、ターゲットから直接フィードバックをもらいます。
・競合分析を行い、既存のサービスと現実のギャップやチャンスを見つけましょう。

なぜターゲットを決めるのか？

サッカーのゴールや野球のストライクゾーン、バスケットゴールのように、スポーツでは目的地にいかにターゲットをとらえてゴール（得点）するかが重要ですよね。それと同じで、狙うターゲットが決まっていなければ悩みやニーズの狙いがわからず、的外れな講座になってしまいます。

講座のタイトルを見た瞬間「あぁ、こんな講座探していたの！」「私にぴったり！

悩みが一気に解消できそう！」と運命的な出会いを感じて喜んで購入してもらえるターゲットに届けるために、正しくターゲットを選定していきます。

ターゲットの痛み、恐れ、壁を取り除き、得たい未来、成功の基準がわかれば、伝えたいメッセージや、心に刺さる訴求が明確になり集客にも活かせます。

理想のお客様を決めましょう！

理想のターゲットをリアルに想像できれば、その人たちを集客すれば受講生はいいお客様だらけになります。自分の求めない受講生やミスマッチを感じるときは参加者の声、申し込みの反応を見ながら都度見直しを行っていけば大丈夫です。ターゲットの再検討が必要な場合は、臨機応変に対応しましょう。

まずは、どんな人が理想のお客様かを書き出してください。

◆あなたの講座を受けて一番喜んでくれる人は誰？　一番成果が出る人は？

◆一番変化して、他のお客様のロールモデルになれそうな人は？　あの人みたいになりたいと憧れられる人は？

◆ファンになってくれて、たくさん口コミを投稿してくれたり、お客様を紹介してくれそうな人は？

なぜこれを、考えておく必要があるのかというと、誰でも彼でも集客してしまってはいけないからです。たとえば、「講座の内容を仕事につなげて収入アップしたい」人に、ただの教養講座を受講してもらっても、「本当は仕事につながるようなことをもっと実践したかったのに」となってしまいます。

来てほしくない人も同時に決めておくべき理由

海外映画には、ナイトクラブの入口に屈強なセキュリティーガードが立っていて、「この人は入場ＯＫ！　この人はだめ！」と追い返しているシーンが出てきます。あんなイメージで理想のお客様以外に入場制限をかけてほしいのです。

ニーズが違う人、ほしくない人に販売してしまうと、悪い口コミや、クレームや返金要求に繋がり、結果的にあなたのエネルギーが奪われてしまいます。

「よかれと思ってやっても感謝されない」という悪いループにハマってしまいます。

講座を開催すればするほど喜んでくれる受講生、いいお客様に囲まれる状況を作っていくためには、あなたの理想のお客様を先に決めてしまうことが重要です。喜んでくれる人とだけ、関わっていくことを優先していきましょう。

ただし、最初から入場制限しすぎるとターゲットが狭くなりすぎる場合があるので、絞ったり広げたりしながら、自分が一番喜ばせることができるターゲットを見つけていきましょう。

ターゲット設定まとめ

あなたの受講生（ターゲット）は明確になってきましたか？　少し振り返りをする

と、最初に、講座の受講生は誰なのかという受講生像を決めました。次に、セグメンテーションの考え方と共感マップで、心の声や本音を深掘りしてイメージしました。

さらに理想のお客様や、来てほしくないお客様を決めて、ターゲットが誰なのか明確になってきたかと思います。

でも、性別や年齢、職業などの属性だけでは、ターゲットを区切れず行き詰まる場合があるかもしれません。

例えば、20代・女性・会社員も、30代後半・女性・主婦も、40代前半・女性起業家も専業主婦も受講生の対象にしたい場合です。ターゲット決めるときには、「ターゲットの属性を決めてたった1人まで絞り込んだ方がよい」という説もありますが、予想を外してしまうと、講座作りのやり直しになってしまいます。

会社員、主婦、女性起業家、専業主婦、経営者、フリーランスに関わらず、自分が持つノウハウで全員まとめて解決できるなら、「こんな職業の人」と1つだけを選択して後を切り捨てる必要はありません。

そんなときは、職業での切り分けではなく、悩みでターゲットを区切ります。「こんな悩み、こんな悩みが重なって、こんな状態になっている人」「こんな悩みを解消して、こんな未来を手に入れたい人」というように、悩みとニーズを組み合わせて表現することができます。

例） **生き方が多様化して、人生に迷い、誰にも相談できず落ち込んでいる人**
子どもの才能を伸ばしたいが、自分の経験値が低く、何もしてあげられず悩んでいる人
結婚出産後にお金がショートするのが心配で、少額から貯蓄をはじめたい人

今後、進めていくうちに自分のターゲットが明確になってきたら、さらにターゲットを固めていきましょう。
それでは、最後にターゲット設定のまとめとして、これから作るオリジナル講座のターゲットと、その詳細を書き出しておきましょう。

ワーク：私の受講生（ターゲットは）、〇〇なことに悩む△△な人です。

受講生の詳細：（受講生がどんな人か、詳しく書く）

例） 人生でいろいろ経験をしてきて、スキル・知識・ノウハウを身につけてきたけど、それをどのように商品化して収入を得ればいいのかわからず悩む40代女性
受講生の詳細：自分の人生、まだまだこんなもんじゃない！　と思っていて、これからはオンライン化の時代だから自分もオンライン講座を作ってみたい。でも、講座の作り方がわからない。自分のこれまでの経験を次の世代に伝えて、子供達によい未来を残していきたい。

次の章は、ターゲットの悩みに対してあなたが提供できることをリストアップし、講座カリキュラムを決めていきましょう。

ターゲットの悩み・ニーズの書き出し100個書き出しワーク

共感マップで書いたことも見ながら、悩みを一気に100個書いていきましょう。ターゲットのニーズ・欲求を感じとる感性、それを言語化する能力、表現力のトレーニングになります。悩み100個書き出しワークシートはダウンロードできるようにしております。詳しくは、8ページのお知らせをご覧ください。

悩み100個書き出しワークで行き詰まったら

100個には、全然足りない、どうしても思いつかないという場合は、次のようなシーンを考えてみてください。

100個書き出しで行き詰ってきたら以下のシーンも参考にしよう

・お金を払ってでも解決したい悩み
・寝ても覚めても、頭から離れない悩み

・親しい友人とカフェで愚痴っていそうな悩み
・物事がうまくいかないときに出てきそうな言葉
・一見ありえない真逆の欲求・わがままな悩み・ついでに叶えたい望み（実は年内に15キロ痩せたい、実は年収1000万ほしい）

抽象的な悩みだけを書き出していたら、すぐに行き詰まります。もっと細分化するのがコツです。たとえば、「自由な時間がない」なら、「お風呂にゆっくり入れない」「美容院に行くのに気兼ねする」など、もっと細かくブレークダウンできます。「なかなか痩せない」は、「ジムが近くにない」「我慢できずにドカ食いする」などもありますし、痩せたいと同時に「彼氏をゲットしたい」「病気を克服したい」「好きな服を着たい」「若返りたい」もあるでしょう。他に、一日を時間帯で区切る、時系列で書く、場所を変える、行動を変えるなどして、四六時中囚われている悩みを見つけます。思い浮かばないときはＡＩの力を借りて書き出しましょう。

悩み１００個書き出しワークの有効活用法

１００個が書き出せた人、とっても優秀です！　お疲れ様でした〜！　では、両手を胸の前に出して大きく拍手！　パチパチ！「よくがんばった、私♡」と自分をほめてあげましょう！

このワークは、１００個の悩みに対して複数の解決法を書き出してください。この後の講座企画で役立てたり、メルマガやＳＮＳ発信のネタにも活用できます。

SECTION 05

競合を分析してみよう

直接競合と間接競合とは

ターゲット分析の次は、「自分と似た属性のライバル」は、どんなアイディアで講座を立ち上げているのかをリサーチします。これを競合分析といいます。

競合には、「直接競合」と「間接競合」があります。

直接競合とは

直接競合とは、同じようなサービスを提供している同業者のことです。

たとえば自分がアロマセラピストなら、アロマセラピストが同業者になります。他にも、インスタ集客コンサルタントをしているなら、インスタ集客を教える人が同業者、コーヒーショップの経営者なら、スターバックス、タリーズ、近所の喫茶店が同業者になります。

間接競合とは

間接競合とは、異業種だけど同じような価値、アフターを提供している業者のことです。たとえば、あなたが「体がスッキリするアロマセラピスト」なら、体がスッキリする価値を提供している、ストレッチ、リフレ、整体が間接競合になります。エステ、ヘッドスパ、スーパー銭湯、あかすり、サウナ、スポーツ施設、プールもそうです。また、「スッキリ」という観点なら、ビアガーデンやおしゃれなカフェ、バーゲンやカラオケも、「気分をスッキリさせている人がいる」という点で間接競合になりえます。

コーヒーショップの間接競合は、ゆっくり話ができる場所や独りで勉強ができる場所に加え、タバコが吸える、時間がつぶせる、涼しいところで座れる、飲み物が飲める、気分転換ができる、自分の時間が持てる、スイーツがおいしい場所なども含まれます。自動販売機やコンビニでコーヒーを買っているお客さんのことも考えなくてはいけません。

競合リサーチのはじめ方

先に述べたとおり、競合は同業者だけではありません。「自分のビジネスがなければ、お客さんは代わりにどこに行くのか？」という視点で、競合を書き出していきます。

競合リサーチで調べること

会社名、サービス名、キャッチコピー、誰のどんな悩みを解決しているか、商品構成、ターゲット、価格、集客動線、ＬＰの構成、配布特典、強み、弱み、解決しきれていない悩み、ニーズ、自社なら解決できることは何か、マネしたいコンセプト

講座の名前などもリストアップしておく

競合のサービスや講座を実際に受講してみたり、ネットで検索したりして、情報を収集しましょう。

後々作成していくキャッチコピーや悩みのリスト、提供しているベネフィット、お客様の声、セミナーのアジェンダ、案内文など、競合が成果を出しているものも忘れずに収集しておきます。

講座の名前もリストアップしておくと、自分の講座の差別化にも役立ちます。

（例）

・産後の子育て主婦が立ち上げた、人気〇〇講座
・現役看護師が立ち上げた、〇〇な人のための△△講座
・会社員の副業からはじめて脱サラした人向けの〇〇解決法
・定年間近で早期退職して大成功した人が教える△△攻略法
・田舎に移住して新事業を立ち上げた人の△△で成功する秘訣

SECTION 06

オリジナル講座アイディア選びで失敗しない方法

ジャンル選びが大事

ＳＮＳでバズりやすい投稿と、全然再生回数がまわらない投稿がありますよね。

その違いは、何でしょうか。

それは、**ジャンル選び**です。例えばＳＮＳでよく見られる人気ジャンルを選べば再生回数は伸びやすいのですが、伸びないジャンルを選ぶと、小バズりすらしません。

その差は歴然です。

再生回数とフォロワーだけが目当てではありませんが、伸びやすいジャンルを選ぶに越したことはありません。

バズりやすいジャンル選びのために知っておいてほしいのが、「**３つのニッチ**」と

「マズローの欲求階層説」です。

3つのニッチとは？

日本語でニッチというとニッチ市場（狭い・小規模な市場）、ニッチ産業（スキマ産業）などで使われることが多いです。

ニッチとは、**特定のニーズをもつマーケット**のことです。

この特定のニーズを理解する前段階として、知ってほしいのが「マズローの欲求5段階説」です。マズローの欲求5段階説では、そもそも人間にはどんなニーズがあるのかを知ることができます。

マズローの欲求5段階説とは

マズローの欲求階層説は、アメリカの心理学者A・マズローの学説です。「人は、自己実現に向かって絶えず成長する」と仮定し、5段階で人間欲求、心理・行動について理論化しました。マーケティングでは、顧客のニーズを読み解くために、よく用いられます。

人間の5つの欲求はピラミッド状の階層構造になっていて、低階層の欲求が満たされると次の欲求へとレベルアップし、1つ上の欲求を満たそうと行動を起こすといわれています。

マズローの欲求5段階説を1段階ずつ解説

(1) 生理的欲求　生命を維持したい（食欲、睡眠など）

(2) 安全の欲求　安全を確保したい（経済的、環境、心理的安心　健康）

(3) **社会的欲求**　他者と関わりたい、集団に属したい（家族、友人、所属）

(4) **承認欲求**　他者から存在価値を認められたい、尊重されたい（注目、称賛）

さらに高まると、自己尊重感、自己信頼、自立性、技術や能力の習得へと上昇します。（1）～（4）は、欠乏感や、足りないものを埋めたい欲求に支配されます。

（5）自己実現欲求　自分の能力を高めたい、発揮したい（満足、成功）

自分の可能性を発揮して、創造的活動、自己成長、社会貢献を実現したい

（6）6段階目の欲求「自己超越」

「マズローの欲求5段階説」といわれていますが、実は、6段階目があります。6段階目は、5段階を発見してはじめてその先に気づくため、発見される段階にない場合

マズローの欲求階層説

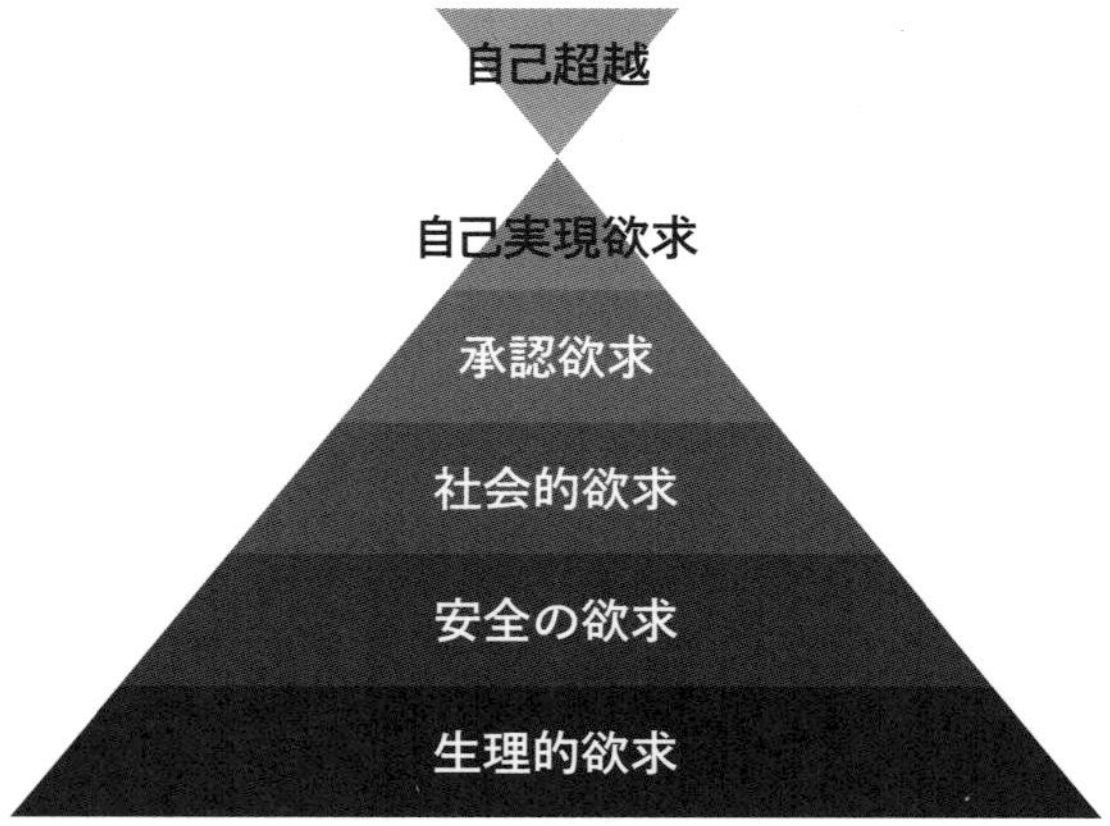

は自己超越というステージがあることには気づきません。

マズローの欲求5段階説から何がわかるのか

マズローの欲求5段階説からは、生きるために精一杯の状況では、自己成長まで上がって来られないということがわかります。

生理的欲求、安全の欲求の状態ではモノを所有する（物質的）欲求に動かされ、社会的欲求を超えると精神的欲求を求める。このように精神性が高まっていくのです。

最初はお金のために働いていた人も、途中で大切なものはお金だけじゃないと気づき、社会に奉仕したり、感謝したり、スピリチュアルな次元上昇をしていくのも、最終的にマズローの欲求6段階へと向かっていく姿なのかもしれません（ビジネスのうえでは、6段階に達したとしても収益化は重要ですが）。

5段階で自己実現をして、自分が何者かがわかり、自分のエゴを超えていくことができると利己から利他の欲求へと向かっていきます。

講座のターゲットが生きていくのがやっとの生活をしていたり、食べていくので精一杯な人だと、精神的ゆとりが生まれにくいのです。なので、その層にアプローチしても、講座の価値が伝わりません。自己実現にお金を払うことの意味に気づく前のステージでは、どんなにいい話を伝えても反応が薄くなる可能性が高いのです。

自分のニッチ分野を見つけよう

マズローの欲求5段階説での成長段階を踏まえ、講座のテーマを考えましょう。バズりやすい人気ジャンル選びのコツは「3つのニッチ」でしたね。

3つのニッチとは何なのか。もうこれはズバリ、マズローの欲求5段階の中の、次の3つの欲求を満たす分野です。

・生理的欲求（生存欲求）
・安全の欲求（安心欲求）

・社会的欲求（親和欲求）

この3つからあなたのニッチを見つけていきます。具体的な例でいうと、次の分野になります。この3つの分野は、**不動の人気を誇るニッチ分野トップ3**です。

・健康&フィットネス：生理的欲求（生存欲求）
・ビジネス&お金：安全の欲求（安心欲求）
・恋愛&人間関係：社会的欲求（親和欲求）

これらの分野は、自然と欲求が集まる、バズりやすいトピックが多くあるので、もしあなたがこの分野に専門知識を持っているなら、ここからアプローチしてみてください。ニーズのない分野を間違って選んでしまうと、買ってもらう前に、説明や解説が必要になり、興味づけに労力がかかります。すでにニーズがある、欲求が存在しているニッチで、あなたの知識・ノウハウを解決法として提供できる場所を探していきましょう。この3つの市場は巨大で、今後もニーズが無くなることはありません。「すでに他の講師がいるんじゃないの？」と思ったかもしれませんが、大丈夫です。

たとえば、「健康&フィットネス」と一言でいっても、細分化すると多岐にわたりますから、自分だけのニッチを見つけていけばいいのです。ありふれた分野ではなく誰もやったことがない分野で勝負したいと思うかもしれませんが、そんな危険を冒す必要はありません。

あとは、2つの欲求を掛け合わせて、さらにニーズを強化する方法もあります。

・生理的欲求（生存欲求）×安全の欲求（安心欲求）
・生理的欲求（生存欲求）×社会的欲求（親和欲求）
・安全の欲求（安心欲求）×社会的欲求（親和欲求）

3つのニッチを元に、300個アイディアを書き出してみました。この300個アイディアを元に、あなたのニッチのアイデア出しをしてみてください。

永久保存版：300超え！　オリジナル講座のアイディア

健康&フィットネス

ダイエット：女性向け（食事制限あり・なし、更年期、産後など）
男性向け、ティーン向け、子供向け

パーツ痩せ：お腹やせ、足やせ・美脚、二の腕、二重あご、顔やせ

筋肉増強、有酸素運動、自重トレーニング、プロテイン・サプリ
ヨガ・ピラティス、ランニング

整体、骨格矯正、脳トレ、未病対策　セルフケア、自宅ケア

メンタルヘルス（ストレス管理、うつ、引きこもり）　瞑想、
マインドフルネス、セラピー、カウンセリング

セラピスト（心、体、施術、アロマ、カラー）
美容サロン　デトックス　バストアップ　美容整体　美容術、
スキンケア　リンパドレナージュ　冷え解消、ネイル、メンズ美容

栄養、食事改善（目的別、糖尿病・アレルギー・産前産後・シニア向け、腸内環境など）、ファスティング・断食、体質改善
ケトジェニック、薬膳、オーガニック、ベジタリアン、ヴィーガン、
ローフード、マクロビオテック、アーユルヴェーダ、自然派食品、
麹・発酵、和食、洋食、多国籍料理、郷土料理

歯の健康、ホワイトニング、歯ぎしり、食いしばり
育毛・発毛、薄毛、睡眠・不眠・無呼吸
不妊・妊娠・出産・産後のサポート、
フェムテック、女性特有の悩み

ビジネス&お金

時間管理、仕事術、プロジェクト管理、ファシリテーション
プレゼン技術、セールス、営業コーチ
英語、外国語、海外進出支援、キャリアコーチング、就職
投資、株、FX、暗号通貨、貯蓄、資産形成、マネーリテラシー
税務、補助金・助成金、相続、契約租作成
クラウドファンディング、PR、プレスリリース

その他、趣味や、生活を豊かにしてくれるトピック
講座の組み方次第で、講師養成講座にも繋げられるかも

ペット

(ヘルスケア、しつけ・トレーニング、食事、健康管理)
DIY アイディア（ドッグラン、キャットウォーク）
珍しい動物に特化した飼育法（爬虫類、魚、鳥、小動物）

ファッション

(着やせ、若見せ、変身コーデ、着せ替えアプリ)
最新トレンド、ウォーキング、スタイリング
メンズファッションスーツ、シューズ
ヘアアレンジ、コスメ、ヘアカラー

ライフスタイル

インテリア、お片付け、収納、快適な暮らし、おしゃれな暮らし、DIY、
リフォーム、車、バイク、整備、自転車、ハイキング、
トレッキング、アウトドア、キャンプ・グランピング、車中泊、車のDIY、
古民家再生、地域コミュニティ、町おこし、町づくり
農業、自然農、プランター栽培、ガーデニング

恋愛&人間関係

占い、恋愛、復縁
婚活、アプリ婚活、オンライン婚活、シニア婚活
子育て（0歳児・乳児・幼児・小学生・ティーン、年代別）
不登校　発達障害、お受験、留学、ベビーマッサージ
パートナーシップ・夫婦関係
終活、介護、遺品整理
心理学、潜在意識、哲学、コーチング、自己認識、才能発掘、
スピリチュアル、引き寄せ、願望実現
催眠療法、インナーチャイルド

ビジネス&お金

オンラインで収入アップMMO(Make Money Online)
在宅起業支援　ブランディング、セールス・売上アップ
フランチャイズ起業、M&A、商材OEM（化粧品など）
教室運営、レッスン、セミナー事業
AI（人工知能）、生成AI、ChatGPT、ゲーム
サイバーセキュリティ、DX、NFT、IoT、VRテクノロジー、
3Dプリンター、プログラミング、
サロン起業コンサル、コミュニティマネージャー
デザイン、Canva、WEBページ制作、ECサイト構築、
AIチャットボットサービス、ショートムービー・カメラマン、
動画撮影、動画編集、LIVE配信　ポッドキャスト、
SNS集客支援、SNS運用代行
アフィリエイト、ライティング、商業出版・電子書籍出版、
確定申告、青色申告アプリ、話し方、発声、ブログ発信
自己啓発　職業スキル、マインドセット、自己成長

アート&クラフト

カラー、色彩、草木染め、クラフト、アクセサリー、手仕事
編み物、アイシングクッキー、パン、米粉パン
歌、楽器、ピアノ、ギター、ドラム、作詞、作曲

エンターテイメント

ダンス、舞台、芝居、演技指導、発声、ボイトレ

SDG's エコ

環境保護（エコラップ・洗剤など）、地球にやさしい活動（プラスティックフリー、脱炭素、再生可能エネルギー、自然保護）、平和活動、ボランティア、支援活動（復興支援、海外支援、動物保護）

旅行

マイル、お得旅、ひとり旅
アドベンチャーアクティビティ、ラグジュアリー旅
サウナ、旅行写真、ドローン、自撮り
医療×観光（人工透析、専門医療、車椅子）
美容×観光、インバウンド誘致、移住、多拠点生活

日本らしさとの掛け合わせ

お琴、お茶、盆栽、所作、着物、キャラ弁、日本語、文化体験

上記をヒントにあなたの分野を書き出してみましょう

さらに組み合わせて、差別化にチャレンジ！

次の①～⑪を自分の分野と組み合わせて、差別化したサービスとして展開できそうか、さらに考えてみましょう。

①まだ気づいていないニーズを組み込めそうか？　すでにニーズがあるのに、見込客を満足させる十分なサポートサービスがないセグメントはどこ？

ヒント）チョコザップは、ジムに通いたい人ではなく、「ジム通いが続かない人」のニーズを満たした。着替え不要、エステ、カラオケ、ランドリーなどついでに通える。

②収益性がありそうか？　これからチャンスが拡大する分野と掛け合わせできる？

③あなたのどんな強みと掛け合わせてインパクトを強められるか？

④知識を教える講座に何をかけ合わせれば、受講生のゴール達成、目標達成を助けられるでしょうか？

⑤相性のよいサービスと組み合わせて付加価値をつけられるか？

例）オンラインサポート、実践コーチング…など。

⑥より個別で、悩み・目標達成に合わせて、パーソナライズドされたサービス、オンラインコース、コーチングを組み合わせられるか？

⑦今後、養成講座を構築できる可能性はあるか？

例）トレーナー養成、コンサル養成、インストラクター養成、セラピスト養成

⑧世界共通でニーズがあるもの、英語字幕をつけて広められるコンテンツか？

⑨バーチャル体験、ライブ配信ができるか？（実演、実演販売、コンサートなど）

⑩オンラインコース化して有名サイトで販売できるか？

Udemyやストリートアカデミーなどのサイトで売り出せそうか？

⑪キーワード調査ツールを使ってニーズと傾向を調査、トレンドのキーワードと組み合わせできるか？

分野×強み×①～⑪の組み合わせで、他社とどう差別化するのかをよくリサーチすれば、マネタイズのチャンスがある分野が見つけられます。ぜひチャンスをつかんでくださいね。

SECTION 07

受講生を成功に導く講座設計

講座設計の流れ

ここまでのワークで書き出してきた情報を元に、作りたいオンライン講座の情報をまとめていきます。講座設計は3ステップの手順で行います。最後のステップは次章で詳しく解説するので、ここではステップ2までを行ってください。ステップ2までの作業で、講座設計の大枠ができあがります。

ステップ1　ゴールを達成するために提供できるコンテンツをまとめる

【自己スキルの棚卸し】

自分のキャリアや経験、自分が得意とする分野で、他人に教えられること、カリキュラムに取り入れたい内容、をどんどん書き出しましょう。

これまで他のセミナーや、学習コースで学んだこと、教えたら喜ばれること、体験や経験で気づいたこと、エピソード、体験談、成功体験、「これをやってうまくいった！」「こういう失敗、困難をこんな解決法で乗り越えた」なども書いていきます。

【自分の強みから提供できること】

あなたの強み、ウリを箇条書きでリストアップしてください。

過去のプロジェクトや成功事例を振り返り、そこで発揮した強みや得られた成果を整理します。「ターゲットの悩み・ニーズ100個書き出しワーク」で書いた悩みに対して自分のどんな実績、成功例で貢献できるのか。あなたの強みが発揮できるスキル・ノウハウ、実践ワーク、講座内で体験できること、やり方を教えればできるようになることなどを書き出しましょう。

【学びを定着させ、成果につなげられるワークアイディア】

講座内で取り組めるワーク・チェックシート・テンプレート・制作物・作品作り・身につく技術・手技・テクニックの練習ワークなどを書き出します。

例）セッションができるようになる、施術の技術が身に付く、悩みを解決するコーチング技術が身に付くロープレ、料理をレシピ通りに作る、アート作品を完成させる、ライティングのコツをもとに文章作成、投稿作成…など

【講座内で配布する資料】

講座で配布する資料はどんなものかを書き出します。毎回配布してファイリングしていくなどのアイデアも一緒に書きましょう。テキスト、ＰＤＦなど。

【宿題・課題】

次回の講座までに取り組んでもらう宿題のアイデアを書きます。学びを定着させる課題を考えましょう。各自で、ペアで、グループで取り組める課題もおすすめです。

【動画教材】

講座の動画教材のアイデアを書きます。復習としてくり返し見られる動画や、予習として事前視聴してもらって後から授業を行う「反転授業」を実施するなど、動画教材の活用法を考えましょう。

【ダウンロードできる資料】

受講生がダウンロードできる資料のアイデアを書きます。チェックシート、ガイドブック、ロードマップ、自己分析シートなど。

【外部講師】

自分以外の講師をゲストに呼んで、学びを補強するなどのアイデアを書き出します。全てを自分一人でカバーせずいろんな講師の力を借りてみましょう。

【生徒同士で学べる環境】

生徒同士で学べる環境、チームに分かれて取り組む宿題、課題などのアイデアを書き出します。講師のサポートなしでも自主的な活動を取り入れ成長を促します。

ステップ2　細かいステップに分けて順番を決める

ステップ1の講座アイディアが受講生のニーズにどんな順番でどう応えていくのか、何回の講座に割り振るのかを計画します。

ビフォーの状態の受講生がアフターの状態になるまでを時系列に設計していけば、それが講座の流れになります。

一度のステップでビフォーからアフターに飛べるわけではないので、途中にいくつか階段を作り、さらにそれをスモールステップに分けます。

階段の数は講座によって違います。5回のステップでゴールに到達するなら全体で5つのセクションに分けます。かんたんな内容からだんだん難易度が上がりゴールに近づいていくようなイメージで、バランスよく割り振っていきましょう。

長い講座なら12ヶ月（全24回で月2回開催）の講座になることもあるでしょう。回数や頻度、所要時間はカリキュラムのボリュームで決めて大丈夫です。

講座の流れサンプル

1回目　導入と全体像を学ぶ、ゴール設定、自己紹介、受講生の紹介、目的とゴールの確認
2回目　ノウハウ1
3回目　ノウハウ2
4回目　ノウハウ3
5回目　スキルチェック、知識・実技テストなどで習熟度を確認
今後の計画、振り返り、まとめ、アンケートでお客様の声を集める
修了書を渡す、記念撮影、フォローアップの案内、各自の今後の目標発表

ステップ3　カリキュラム全体の目次を作る

回数やコンテンツの提供順が決まったら、次はカリキュラムの目次を作ります。「これができたら次の段にすすめる」のような明確な関門を設け、受講生の上達、学びを後押しするような内容にします。

カリキュラムの具体的な作り方は、次の章でしっかり解説しますので、楽しみにしておいてください。

講座設計の流れは以上です。

ここまでに学んだ知識を元にして、まずはステップ2の状態まで作り上げていきましょう。そうすれば、あなたのオリジナル講座のカリキュラムの下書きまで完成です。「下書きを作っていく過程で新しいコンテンツを思いついた！」なんてことも多々あるでしょう。

ここまでの講座設計で少しつまずいてしまった人のために、本書の特典として「受講生を成功に導く講座設計の11のヒント」をご用意しております。8ページの特典ページからアクセスして、ぜひご活用ください。

CHAPTER 3

アイディアを講座化しよう

SECTION 01

受講生を成功に導くカリキュラムの極意とは

受講生のサクセスストーリーを描こう

カリキュラムの作成時には、受講生の成功ストーリーも同時に描いておくことが大事です。カリキュラムの進行とサクセスストーリーを連動させることで受講生をストーリーの主人公にしてゴール達成を応援していきます。カリキュラムを作る準備として、ヒーローズジャーニーをアレンジした「**スチューデンツジャーニー**」を作成してみましょう。

では、スチューデンツジャーニーとは何なのか。まずは原案になるヒーローズジャーニーからご説明します。ヒーローズジャーニーはアメリカの神話学者ジョセフ・キャンベルが提唱した理論です。神話や物語には共通する構造があり、ヒーローズジャーニー（英雄の旅路）という共通のパターンを見い出しました。

英雄は、日常の世界から旅立ち、冒険や試練、葛藤を経験し、途中で合う仲間や、メンターの助けを得ながらミッションを達成し、新しい知識や力を得て成長して元の世界に戻ってきます。この一連のプロセスは、多くの映画のストーリー展開としても用いられています。つまり、成長には、ストーリーとプロセスがセットになっているということです。最初は生きていくので精いっぱいだった英雄が自己成長し、自己超越していく姿には、マズローの5段階欲求的な視点での成長も含まれます。

映画ですと「スターウォーズ」のジョージ・ルーカスは、脚本を書く際にヒーローズジャーニーの大きな影響を受けたことを語っています。ハリー・ポッター、ロード・オブ・ザ・リング、ディズニーの映画でも突然別世界にいざなわれて、葛藤や過去のトラウマを乗り越えていく主人公のストーリーが多く存在しますよね。

ファインディングニモ、トイ・ストーリーもそうですし、「**アナと雪の女王**」でもヒーローズジャーニーの要素が多く取り入れられています。エルサ、アナがそれぞれの日常から新しい世界に旅に出て、それぞれの旅の過程で、自分自身の「ありのまま」の姿に気づき、「真実の愛」こそが、解決のカギであることに気づき、物語のスタート時よりも大きくたくましく成長しました。アナに共感した人とエルサに共感した人がいたのは、それぞれのストーリーを同時並行に展開していたからです。

自分の望みだけを考えていた自分（利己）から、他者の幸せを実現できるようになっていく姿（利他）、ハッピーエンドに至る過程やそれぞれの冒険、葛藤、気付き、成長が、視聴者の心をわしづかみにして、心のど真ん中に気づきと感動を与えてくれたのも、ストーリーとプロセスがあったからこそです。

講座でも同じく、困難も挫折もない、成長もないストーリーでは感動は起こせません。途中で寝るか、挫折してしまうのがオチです。

ただ講義や知識だけを並べるよりも、受講生をいかにストーリーの主人公に巻き込み、プロセスの中でいかに変化・成長してもらうのかが大切です。

スチューデンツジャーニーを作ろう

ワーク：あなたはこれまでどんな映画、ストーリーに感動しましたか？

ヒーローズジャーニーを取り入れた映画をリサーチして、書き出してください。

ワーク：スチューデンツジャーニーのストーリーを考えましょう。

受講生はどんなストーリーの中で、どんなプロセスを通じ何を見つけ、誰に助けられ、どんな困難を乗り越えて、変化・成長していくでしょうか。ストーリーを書き出しましょう。

講座を受けると何を得てどうなれるのか？　シーンをイメージして書き出してみましょう。

①受講生が講座に出会ったきっかけを考える（受講生が叶えたい未来に出会いワクワクする場面を考える）。

②新しい世界へ一歩を踏み出し目標を見つける（なりたい未来を見つけてゴール設定する場面を考える）。
③遭遇する試練を、乗り越える方法を身につける（受講生が成長できるカリキュラム、実力がつく課題を考える）。
④誰の助けを得て成長し、どんな宝を手に入れるのかを考える（講師のサポートを受けてスキルが身につき、ゴールを達成する場面を考える）。
⑤自分の変化・成長を実感する（道のりを振り返り、成長した自分、新しい未来を手に入れて達成を喜ぶ場面を考える）。

積み上げ思考と逆算思考

積み上げ思考と逆算思考という思考法をご存知でしょうか。「積み上げ思考」は現状から少しずつ目標に向かう方法で、「逆算思考」は最終目標から逆算してステップを考える方法です。

積み上げ思考のメリット：階段を上る、ステップアップするイメージはわかりやすく、頭を整理しながら、進めるときに有効。

積み上げ思考のデメリット：「今のステップが終わったら次」「これが終わったら次へ」という考え方になり、大きな成長や予想以上の成長を達成することが難しく、こぢんまりと小さくまとまってしまいがち。いつまでに何をやるのかが把握しにくいです。

逆算思考のメリット：「ゴール達成するには、この日までに何をすればいいのか」と常にゴールから逆算するので、到達のイメージを持ったまま計画が立てられます。

積み上げ思考と逆算思考

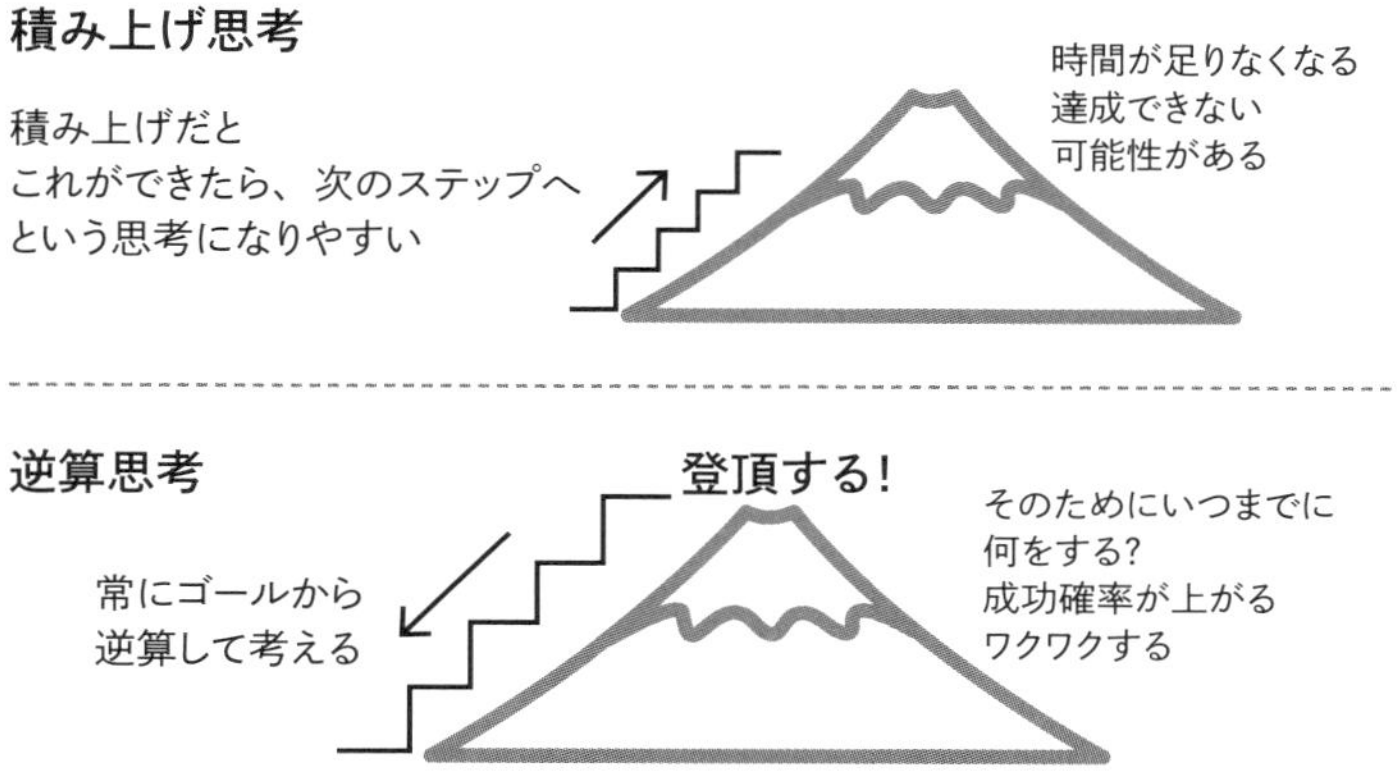
積み上げ思考
積み上げだと
これができたら、次のステップへ
という思考になりやすい
時間が足りなくなる
達成できない
可能性がある
逆算思考
登頂する！
常にゴールから
逆算して考える
そのためにいつまでに
何をする？
成功確率が上がる
ワクワクする

逆算思考のデメリット：到達イメージが見えていない場合、逆算ができません。無理のあるプランはキャパオーバーになり、計画が成立しません。

5日間講座を例にして説明しましょう。逆算思考では、最初に5日目のゴール達成の未来をしっかりイメージします。次に、そこにたどり着くには最終テストでどのレベルまで成長する必要があるのか？　を考えます。では、そのレベル習得に余裕をもってたどり着くには4日目までに何を終わらせておく必要があるのか？　3日目は何を説明しておくのか？　2日目は何をどこまでやるのか？　そしたら、1日目は何を計画しておくべきか？　1日目をスムーズにスタートする準備は、いつまでに終わらせるのか？　………このように考えていくのが逆算思考です。

階段を1段ずつ上るのではなく、先に大きな理想のゴールをドカーン！　と決めてしまってから「大きなゴールを達成するにはどうしたらいい？」と逆算していくのが、逆算思考での講座作成です。この考え方を意識してカリキュラムを作れば、受講中に大きく成長できるチャンスを提供できます。

どちらの思考も使いながら積み上げ思考で講座を一旦作ったら、逆算思考でチェックしていくとよいでしょう。おすすめは、最初に「わくわくするゴール」を「えいっ！」と決めてしまってから、スタートまでを逆算する方法です。「わ！　今すぐスタートしなきゃ！」と即行動したくなるカリキュラムができるでしょう。

受講生に最高のビフォーアフターを得てもらうためには、講座を完走してもらう必要があります。

受講生は、着実にスモールステップを1つずつ積み上げ、スチューデンツジャーニーのストーリーとプロセスを楽しみながら成長していきます。講師は、大きなゴールの感動から逆算しながらペース配分を考え頂上へとガイドしていくのです。

ガイド役である講師は、受講生が迷子にならないように全体像を把握し、無理のない工程で登頂を目指すための設計図、行程を計画しなければなりません。さらにここに学びや実践を程よく織り交ぜ、時間数、期間内にゴールできるように受講生を励まし頂上に導くのです。一歩一歩登るごとに変わっていく新しい景色を楽しみながら、受講生と共に進み一緒に成長していきましょう。

SECTION 02

魅力的な「講座企画書」（企画概要）を書く

企画概要をまとめる

細かいカリキュラムの設計に進む前に、講座の企画概要をまとめた「講座企画書」を作成します。講座作りは長い道のりなので、作成途中で軸がぶれてしまったり、あれもこれもと盛り込みすぎてテーマがあちこち散漫になってしまったりしがちですが、そんなときは立ち止まって講座企画書を確認すれば、原点に立ち返ることができます。

講座企画書を書こう

受講生を成功に導く講座企画書は、次の11項目で作ります。

1．誰のどんな悩みを解決するのか

ターゲットは誰か、どのような人物で、どんな悩みを抱えているかを簡潔に書きます。共感マップ、スチューデンツジャーニー、ターゲット分析を参考にしましょう。

2．講座のゴールは？　クリアすべき悩み、課題は？

講座のゴールと、たどり着くためにどんな悩み、課題を解決する必要があるのかを端的に書きます。悩み100個書き出しワーク、講座設計を参考にしましょう。

3．講師としてあなたが教えられる理由

あなた自身のストーリーを元に、どんな経緯で今の講座を提供することになったのか、過去にどんな悩みを抱えていて、何があなたを今の道に導いたのかなど、こんな経験をした自分だからこそ自分が教えられるという理由を明確にします。自分ストーリー棚卸しワーク、講座設計（自己スキルの棚卸し）を参考にしましょう。

4. なぜこの講座を開催するのか？

何がきっかけでこの講座を開催することになったのか、その決断に至った理由について書きます。自分の棚卸しで見つけた、自分の想いや創りたい未来を伝えましょう。

5. 講座のカリキュラム・開催スケジュール

この時点で詳細なカリキュラムができていない場合は、前章で決めたカリキュラムの大枠を書きます。プロセスがわかりやすいようにステップ順に書きましょう。

また、開催期間や時間数、日程も書きます。

6. この講座を受講することで得られる変化、成果・メリットは？

この講座で、最終的に誰にどのような変化があるのか、受講生にどのような成果・メリットがあるのかを箇条書きにします。まだ受講生がいない場合は自分がやってみた成果を書きましょう。

7. 競合との違い（権威性、独自性、実績など）

競合と比較してカリキュラムとして優れている点を書き出しましょう。

8. この講座がおすすめな理由は？

講座をターゲットにおすすめする理由や、ターゲットから選ばれる理由を具体的に箇条書きで書きます。

9. 参加特典・プレゼント

講座の教材など、受講生にプレゼントする特典を書きます。チェックシート、録画音声、関連セミナーの動画、診断テスト、おすすめ書籍など、魅力的なプレゼント、講座を補完できる特典を書いてください。

10. 価格・お支払い方法・申し込み方法

カード払いや銀行振り込みなどの支払い方法、価格、申し込みの受付方法も書きます。

11. 参加条件・キャンセル規定

受講規約、キャンセル規定を決めておきます。また、「審査が通った人」や「こういう資格や経験がある人」のように参加条件を決めて、入場制限を設けます。

12. 担当講師のプロフィール

あなたの名前、肩書、誰のどんな悩みを解決する専門家なのかというプロフィールを簡潔に書きます。これまでの実績、スキル、人柄がわかるもの、お客様の声、メディア実績、配信メディアなどがあるなら含めるとよいでしょう。時系列の年表スタイルでずらっとたくさん書くよりも、この講座を指導できる理由を書きましょう。

オリジナルメソッドには、耳に残る名前をつけよう

あなたの講座のタイトルやオリジナルメソッドにリズムがよく、耳に残る名前をつけましょう。名付けを考えるときのヒントは次の4つです。

ヒント1：シンプルで覚えやすい　○○メソッド、トレーニング、プログラム
ヒント2：メソッドの効果、特徴を盛り込む　スピード○○、○○シフト、マップ
ヒント3：すでに使用されていないか検索してチェック！
ヒント4：一目惚れされる、「これ欲しい！」と共感を生むキーワードを入れる

見た瞬間「これ探していたやつ！」「こんなの欲しかった！」と思われたら、セールスも楽になります。また、イメージを壊す言葉選び、ネガティブな連想、差別や中傷になる言葉選びにならないように注意してください。すでに商品登録されていないかチェックしましょう。商法を侵害しているものも避けましょう。

SECTION 03

カリキュラムを設計する

カリキュラム全体の流れを時系列にまとめよう

次の表を使って学習目標を達成するカリキュラムをまとめていきます。

セクションごとに具体的な学習目標を設定し、目標達成に必要な学習トピック、時間配分、順序を決定します。

講義、実技・実践、ディスカッション、宿題など、受講生が主体性をもって積極的に学べる実践も大切です。学習効果を評価（筆記テスト、課題、実技試験など）できるものも計画に含めましょう。これらがカリキュラム全体の目次になります。できあがったら指導計画表に記入していきます。

指導計画	1回目	2回目	3回目
	4月	5月	6月
指導目標			
講義	・ ・ ・ ・		
実技	・ ・ ・ ・		
ワーク 課題	・ ・ ・ ・		
身に付く スキル	・ ・ ・ ・		
テスト 評価	筆記テスト	実技試験	プレゼン発表
開催場所	オンライン	対面	

最終回まで項目を埋め終わったら、全体としてまとまりのある講座になっているかをチェックしてください。

各回にブレークダウンした指導計画表を作成する

講座全体のカリキュラムを考え終わったら、次は各回の計画表を作ります。欠席時の対処も考えながら、詰め込みすぎずに質問の時間なども取るようにしましょう。次の表の項目はサンプルなので、講座の内容に応じて項目を変更してください。

各回ごとに指導目標、受講生のゴールを決めていきましょう。

<table>
<tr><th>1回目テーマ</th><td colspan="2">タイトル：</td></tr>
<tr><td>指導目標
やること</td><td></td><td>実施日</td></tr>
<tr><td>受講生の
ゴール</td><td></td><td rowspan="2">準備物</td></tr>
<tr><td>講師のゴール</td><td></td></tr>
</table>

時間	講義内容	指導メモ・補足・ワーク、実践
0：03		
成果物・できあがるもの		
宿題：		

カリキュラムチェック項目

カリキュラムが完成したら、次の視点で指導計画と指導計画表をチェックします。

□習慣化、積み上げで身に付くカリキュラムか。
□実践できる場、くり返し練習できる機会はあるか。
□受講生がもっとも求めているスキル・知識・ノウハウが盛り込まれているか。
□受講生が苦手なことを、克服できる構成になっているか。
□自分だからこそ提供できるサービス・サポートが含まれているか。
□競合と差別化されているか。競合ができない内容をカバーしているか。
□快適に学べる環境、コミュニティ、安心安全な場が提供できているか。
□初心者が全体像を学べる、マニアックな学びができる、指導者になれるなど目的を明確にできているか。

学びの定着を上げるために講師ができること

エビングハウスの忘却曲線では、人は習ったことの42％を20分後には忘れてしまうといわれています。それをさせないためにはくり返しの復習や実践、宿題などをうまく活用して学びを定着させなければなりません。講師が一方的に説明するだけの講義では、受講生は聞くだけになってしまいます。聞いて満足・おなかいっぱいの状態にさせてしまっては、すぐに忘れてしまうので、受講生が能動的に学習できるような工夫は必須です。

エビングハウスの忘却曲線

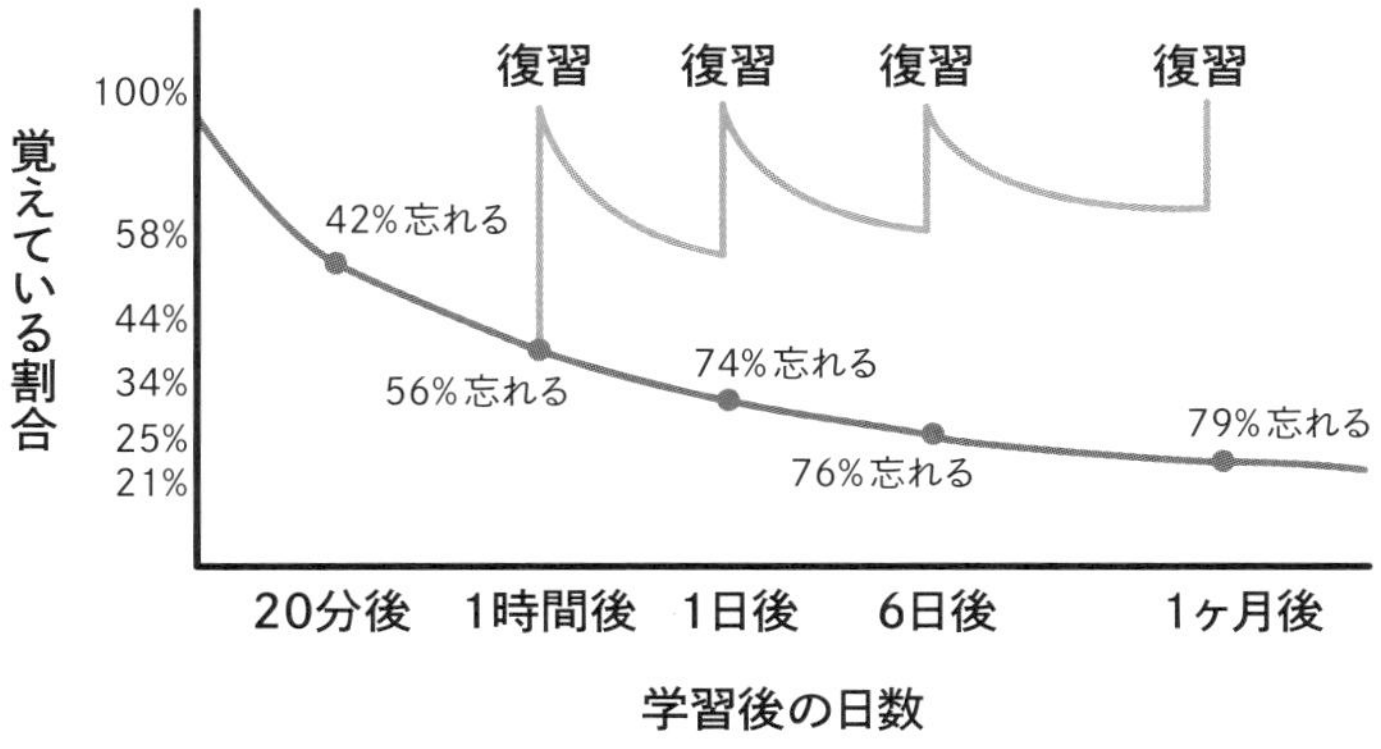

また自分が教えることだけに夢中になり、生徒の様子や能力レベルを観察するのをおろそかにしては、生徒はついてこれなくなってしまいます。親が子供をおんぶして連れまわしていては、歩くようになれないし、この通りにやりなさいと型にはめては、応用が利かなくなり、自分で解決する機会を奪われてしまいます。

アクティブラーニングを取り入れよう

ラーニングピラミッドとは、学習方法と学習定着率の関係をピラミッド型の図で表した理論です。

ピラミッドの図を見てわかるとおり、講義や読書、視聴覚（ビデオを見る）、デモンストレーション（見本を見せる）などは受動的な学びになり、学習定着率は低くなってしまいます。受動的な授業やセミナー参加、参考図書を読む、復習動画を見る、講師の実演を見るだけでは記憶に残りにくいのです。

逆に、グループ討論（ティスカッション・意見をシェアしあう）、自ら体験する（実践する、行動する）、他の人に教える（学んだことをまとめて話す、誰かに教える）などは、「アクティブラーニング」といって、能動的に学ぶことで、記憶に残りやすくなります。

自分が人生で受けた授業を思い出してみると理解できるはずです。すぐに眠くなった授業、何を学んだのかをまったく覚えていない授業は、アクティブラーニング以外の授業だったのではないでしょうか。

ラーニングピラミッド

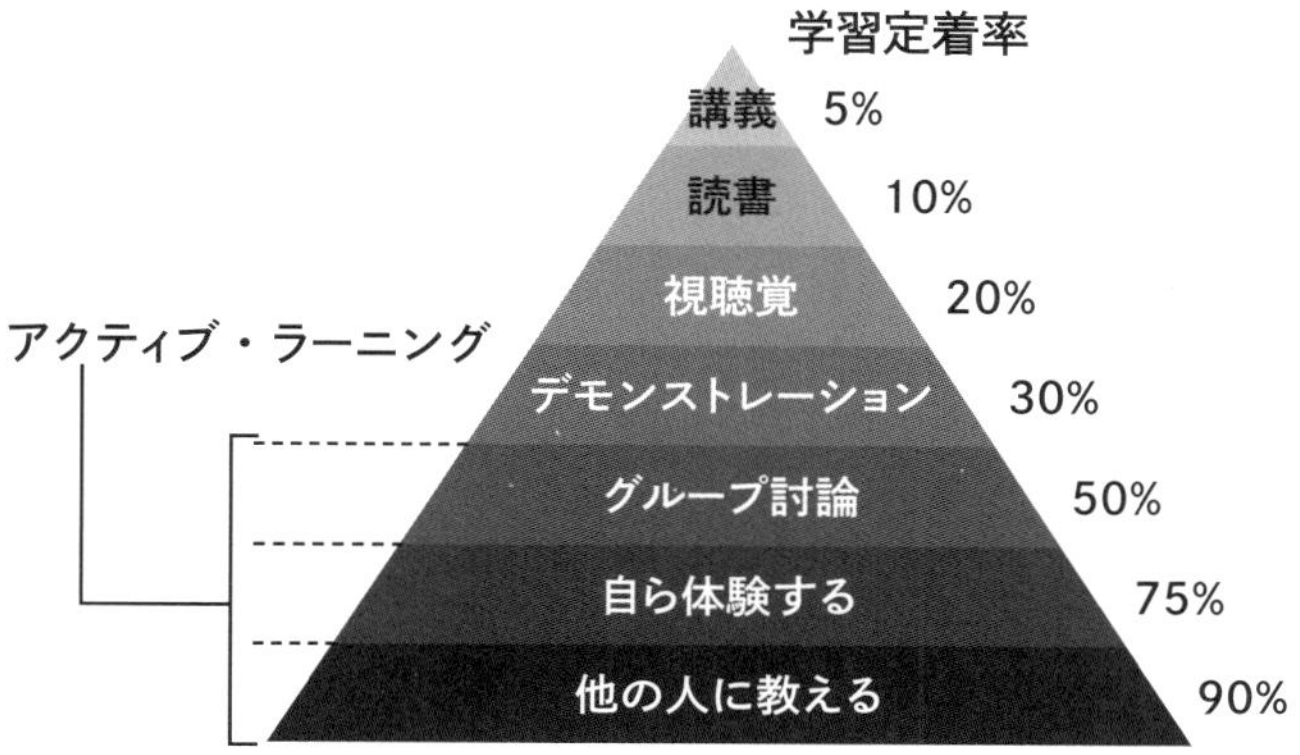

受講生が積極的に学ぶワークアイデア

講座内にアクティブラーニングを取り入れて、学んだ理論を定着させる場を作りましょう。積極的な学びを促すワークを取り入れましょう。

「質問を増やす」

受講生が、いわれるままに講義を受けて、その内容を真似ているだけでは、総合的に学んだことにはなりません。積極的な参加を促すためには、講師がもっと質問することです。手順を教えようと何度も説明をするのはやめて、手順について逆に質問する回数を増やしてみましょう。

例）「鎖骨のリンパ節はどこにあると思いますか？」「鎖骨のリンパ節のマッサージの役割は？」「どの順番でマッサージするとリンパが流れやすくなりますか？」「そのときやってはいけないことは何ですか？」…など、どんどん質問してください。

「他者と議論、意見交換させる」

意見が分かれそうなトピックをあえて選んで、賛成派、反対派でそれぞれのメリット・デメリットを議論するのも面白いでしょう。

例）朝食を抜いたほうがいい・とったほうがよい、この2方向でメリット・デメリットや、適用すべき人・適用しないほうがいい人を議論する

例）薬膳の講座で、「口やのどがやたら乾き、唇がひび割れる、皮膚が乾燥してツヤがないとき」の分析、対策、弁証して、採るべき食材の選び方を議論する

「実践による経験・練習」

ケーススタディを提供し、受講生にその状況を分析させます。

例）成功したコーチングのセッション、失敗したインスタ投稿作成講座など、各題材の、どの要素が、成功・失敗に結び付いたのかを考えます。実際のケースと、学んだ理論、実践をどのように結びつけるのかを考えてもらいます。

例）ロールプレイをして、何がうまくいったのか、改善点は何かをシェアしあう

例）実践を実施したかどうかチェックシートを作成して、日々の実践を記録して変化を確認していく

「他人に教える」

決められたテーマに沿って学習内容と事例を用意し、講師役の人に学んだ理論を用いて実際に説明してもらいます。受講生同士でペアになって、教え合い、わかりやすかった点、改善点をフィードバックしあいます。

「チームでプロジェクトに取り組む」

参加者をチームに分け、テーマに沿って実践や調査をし問題解決力を養います。最後に発表のプレゼンをして、発表に対する気づきをチーム同士でフィードバックしあうのもおすすめです。実際に取り組む価値のあるテーマを採用しましょう。

SECTION 04

再現性のあるカリキュラム作り

技術習得型の講座は再現度を重視

技術習得型の講座では、受講生がしっかりと技術を身につけないと満足度につながりません。誤解したまま卒業させないようにどこまで理解しているのか確認が必要です。

たとえば、リンパマッサージで足のむくみをとるスキルを身につける講座をする場合、次の5つの受講生のパターンでは、知識レベルも習熟度も異なります。

A．マッサージのやり方を知っている

B．マッサージのやり方を理論から理解して、説明できる

C. 教わったとおりに、マッサージが順序正しくできる
D. 教わったマッサージで足のむくみが取れる、結果が出せる
E. 教わったマッサージを他の人に指導して、むくみ取りを自分と同じようにできる人を育成できる

Aで終わらせるのか、Eの状態まで連れていくのかは、同じリンパマッサージの講座でも、講師がどこまで意図して講座を計画しカリキュラムを組み立てるのかによって変わってくるということです。

いずれのレベルを目指すにせよ「いかに再現性のあるカリキュラムを提供するか」が大切になります。受講生が、教えられた内容を正確に実行できるようになるためのカリキュラムとステップを用意しなければなりません。

ステップ1 **具体的な手順を示す**

ステップ2 **しっかりとデモを見せる。理解度を確認する**

ステップ3　ステップバイステップで指導し、上達度を確認しながら進める

ステップ4　チェックリスト、テンプレート、手順書で基本の手順を示す

ステップ5　くり返し練習、実践する。手順が合っているか受講生同士で確認しあう

ステップ6　評価基準を設けて、何が正しいのかを明確に定義し、できているか評価する

ステップ7　質問に答えて間違いを修正できるサポートを用意する

ステップ8　時間が経過した後もくり返し学べる動画、フォローアップの場を作る

このように、「再現度を上げる」ためにできることは多岐に渡ります。講師は、受講生がしっかりと再現性高く学べているのか、身についているのかを評価するシステムを作り、正しいゴールに導くためのカリキュラムを整備していくことが重要です。

カリキュラムに不備があるのに、「生徒が全然学ばない」「レベルが低い」と生徒の落ち度にしてはいけません。

講師を一番成長させてくれるものは何か？

誰がどんな教え方をするのかで、受講生の成長度合は変わります。では、講師はもっとレベルアップするために何をすればいいのか？　その答えが、ラーニングピラミッドの一番下の層に示されています。答えは「他の人に教えること」です。あなたが誰かに教えることで、結局教えている本人が一番学べるということなのです。

私がずっと「教える仕事」が大好きなのは、教えることで自分が一番学べるし、上達できるからなのかもしれません。あなたもどんどん教えてどんどん学んでください。

ワーク：自分のレベルアップのために何に取り組みますか？

これでオンライン講座のカリキュラムができあがります。すぐに動画を撮影して動画講座を作る人は4章へ進んでください。0期生を募集してまずは講座を開催してみたい人は5章へ進みましょう。

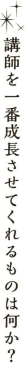

CHAPTER 4

動画の撮影と eラーニングサイトの構築

SECTION 01

動画撮影で準備すべきこと

動画撮影本番までに決めておくこと

いよいよ、動画作成の段階です。わかりやすく、視覚的に魅力的な動画を作っていきましょう。

まずはカリキュラムをもとに撮影シナリオを詳細に作成し、各シーンの内容や進行を明確にします。次に、適切な撮影機材（カメラ、マイク、照明など）を準備し、撮影場所を選定。講義のポイントを示す資料（スライド、図表など）も必要に応じて用意します。

準備の次は、リハーサルです。イメージ通りの画角になるかをチェックします。

自分が演者になる場合は、アシスタントをつけて撮影内容に漏れがないかなどを一緒に確認してもらいましょう。特に**スタジオで撮影する**場合は、撮り漏れがあって後日に別撮りしようと思っても、前回と同じ条件（同じ明るさや同じ画角など）で設定しなおすのは大変です。

また、プロフェッショナルな撮影を行うなら、カメラマンや音響技術者に依頼します。プロに依頼する際は、スケジュール調整が必要なので余裕を持って手配します。

撮影機材について

撮影機材は動画の目的ごとに適したものが違います。たとえばセミナー撮影なら講師の声を拾える高品質なマイクが重要ですし、料理教室では高解像度のカメラが必要です。エクササイズ教室では、全身を写す広角レンズが効果的です（部屋が小さいと距離が足りず画角からはみ出します）。予算や撮影環境に応じて、最適な機材を選んでください。最初からぴったりの物が見つからないかもしれませんが、一覧化しました。

プロンプター：カメラを見て話し続けるような講座を撮影する場合は、プロンプターを利用しましょう。プロンプターとは、原稿や台詞をモニターなどに表示する装置です。スマホをプロンプターにすることも可能です。プロンプターのシナリオを見ながら、カメラ目線で講義の撮影ができます。

三脚：定点撮影時は、カメラを三脚に固定するのが基本です。

スタビライザー：スタビライザーは、カメラに取りつけて手ぶれを抑えられる装置です。歩きながらの撮影時に使えば、滑らかな画像撮影ができます。

単一指向性ワイヤレスマイク：単一指向性のマイクは特定の方向のみの音声を拾うので、話し手の声に焦点を絞って集音できます。セミナーや実演で、自分の声のみを録音したい場合に有効です。クリアな音声を集音できるワイヤレスピンマイクの多くは、マイクとは別に受信機とセットで使用します。

マイクの性能によっては、外付けマイクよりもスマートフォンの音質のほうがよい場合もあります。口コミを調べてよいものを選んでください。リハーサルでは必ずマイクのテストをしましょう。

LEDライト、リングライト：部屋の明るさに応じて活用しましょう。

動画撮影用カメラ：ミラーレス一眼カメラ、コンパクトデジカメ、デジタル一眼レフ、アクションカメラなど、さまざまな機能があります。

必要な機能は、オートフォーカス機能、マイク、手振れ補正、顔優先AE、美肌補正などです。動画の記録モードにあわせてデータ形式や必要容量を確認して対応したSDカードも購入しましょう。

その他：カメラ付ドローンや、自撮り棒を長くして、上から撮影するなど工夫次第で面白い動画が撮れるでしょう。

SECTION 02

講座ジャンル別の準備と撮影機材

お料理教室・パン教室・調理が伴う撮影やクラフトの場合

料理教室やパン教室、クラフト作品などの動画では、作業中の手元を見えやすく撮影することが非常に重要です。動画を見ながら、受講生が自宅で再現できるように、作業手順を詳細に撮影します。時々スライドを挟み、レシピや手順をわかりやすく示すとよいでしょう。特に重要なポイントやコツがしっかり伝わらないと、レシピ通りに作ってもちゃんとできあがらない結果になってしまいます。

ガスレンジの調理や、オーブンを開けた瞬間、洗い場など移動がある場合は、撮影し忘れのないように計画をしましょう。カメラアングルや照明にも注意を払い、明るすぎず、暗すぎない、見やすい映像を作成します。

必要に応じてズームインなどの技術を使い、細かい作業を見えやすく撮影しましょう。

手元の動きを動画撮影する機材が必要

料理教室や手作りクラフトの撮影では、細かな手元の動きを撮影するためのカメラが重要です。高解像度カメラ、ＬＥＤ照明を駆使して、食材の質感や調理の微細な部分まで鮮明に映し出しましょう。定点撮影よりは、カメラの位置やアングルを調整できる三脚やアームで臨機応変な撮影が求められるでしょう。まずは気軽にスマホ撮影からスタートしてみましょう。

エクササイズ・手技、セルフケアなどの技術指導の場合

エクササイズプログラムでは、インストラクターの全身が映るように引きの画角で撮影するのが基本です。受講生が動作を正確にマネできるように、全体の動きを把握

しやすいアングルで撮影します。また、複数のカメラを使用し、異なる角度で、前方、側面、後方からのアングルを組み合わせてみましょう。複数のカメラの画角を切り替える編集を活用して、臨場感のある動画になるように工夫してください。

全身やパーツなどの画角に対応する撮影機材が必要

エクササイズでは、カメラと被写体の距離が狭いとインストラクターの全身が映らないので、ズームや広角レンズを活用しましょう。音声も重要なため、ワイヤレスマイクを使用して、動きながらカメラから離れてもクリアな音声を確保します。手技やセルフケアで体のパーツ撮影をするなら、アームや三脚があると便利です。

セミナー業の場合

セミナー業の動画撮影は、講師がスライドを使いながら解説する形式が一般的です。講師の顔や表情やジェスチャーが見えるようにカメラを配置し、スライドも同時に表示されるように工夫します。講義を撮影する際は、講師が自然に動けるスペースを確保し、カメラのズームやフォーカスを調整して、講師の動きに対応できるようにします。スライドの内容と講師の解説が連動することで、説明を視覚的に理解しやすくなり、学習効果が高まります。または、パソコンのインカメで自分を撮影し、スライドを自分で動かしながらＰＣ上で画面収録することも可能です。使用するスライドは自分の使いやすいものでいいですが、迷っている人には、Googleスライド（無料ツール）、Canva（無料ツール・一部有料）、PowerPointがおすすめです。

スライドも撮影する場合

セミナー業の撮影では、クリアな音声とシャープな映像が求められます。ワイヤレスマイク、ＨＤカメラ、安定した三脚が必要です。また、照明にも配慮し、講師が明るく見えるように調整します。講師とスライドを同時に撮影するのが難しい場合は、後からプレゼンテーションソフトの画面キャプチャを編集で差し込むことで、スライドと講師の映像を同時表示できます。

目的に応じた撮影を選択

お花教室の撮影風景

セミナー業の撮影風景

マッサージの撮影風景

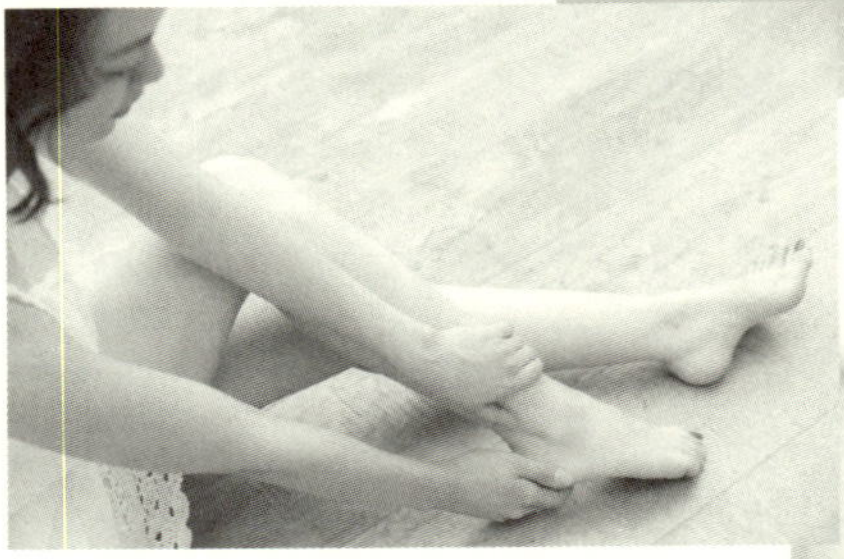

エクササイズの撮影風景

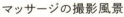

SECTION 03

動画を撮影する

撮影の時間配分に気をつけよう

動画撮影に入る前は、スケジュールをしっかり立てるようにしてください。1日がけで撮影するような場合、日中は太陽光で明るい動画だったのに、日が暮れてから撮影した動画は真っ暗な窓の外が映り込んでしまっているなんてことがあると、動画から与えるイメージが安定しません。窓のない室内だと照明のみでコントロール可能ですが、柔らかい印象を与えるなら自然光。自然光はお肌が綺麗に見えます。

何時から、どこで、何を撮影するのかがしっかり決まっていれば、構図やアングル、カメラセッティングの位置なども明確になります。

準備には小一時間必要な場合もあります。ノープランでは、当日、撮影場所であたふたして、「予定した時間内に撮影が終わらない」という事態になりかねません。撮影当日までに所要時間などもチェックして準備万端で臨みましょう。

動画の構図

撮影時の構図で、受講生が受ける印象が異なります。

ロング

全体が入る引きの画角です。会場全体の雰囲気、複数人数でのショット、背景情報まで伝えたいときに使用します。エクササイズなど全身で見本を見せる場合などに適しています。

ミディアム

人物の頭から胸・腰までを映し、ほどよい距離感で安心できる構図です。ホワイトボードやプレゼンスクリーンを利用するときにも適しています。

アップ

メイクレッスンなどお顔や、表情をしっかり映したい場合、手元の作業・細かい動きの撮影に最適です。顔が大きくアップになると威圧感があるのでシーン選びに注意しましょう。

カメラアングル

構図と同様、カメラアングルでも受講生が受ける印象が異なります。

俯瞰（ふかん）

被写体を見下ろした角度で撮影します。料理や手作りクラフトなどで手元を写したいとき、別のアングルで見せたいときにおすすめ。機材は、カメラをセットするアー

構図とカメラアングル

構図

ロング

ミディアム

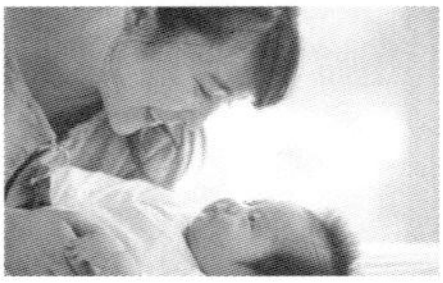

アップ

カメラアングル

俯瞰

目高

あおり

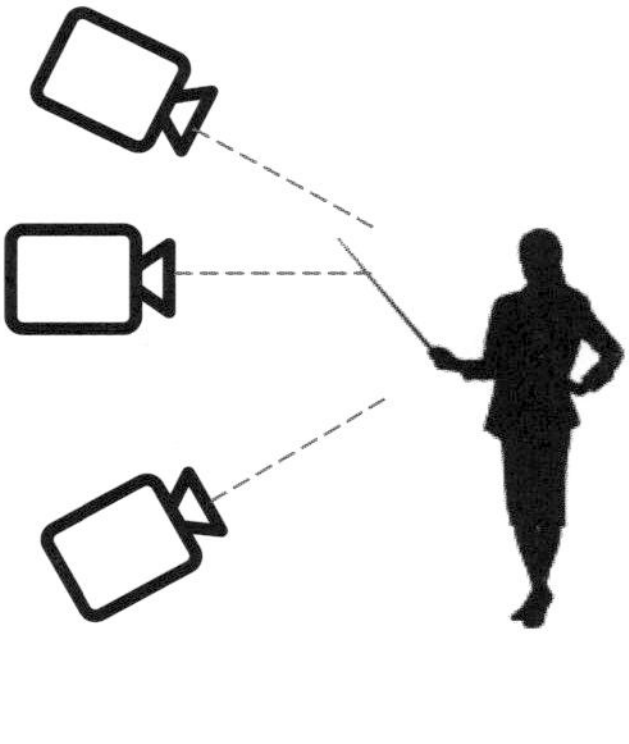

ムが必要です。アームをテーブルに固定して利用すればテーブルで料理をしながら撮影ができます。もしくは、三脚とブームスタンドを使います。三脚で安定させ、異なるアングルで臨場感あふれる動画撮影ができます。見下ろす角度で撮影するため被写体が小さく見えます。

目高（めだか）

目の高さで、受講生と同じ目線で伝えることができる構図です。カメラの数センチの上下で、上目遣い、見下ろす角度になってしまうので、テストをして最適な高さを見つけましょう。

あおり

被写体を下から上に向かって撮影するので、大きく見せたい、尊大に見せたい場合に使います。被写体がカメラを見下ろす角度になるので二重顎や、顔に影ができやすい、威圧感を感じるので、適切なシーンで使用しましょう。

SECTION 04

動画の編集とアップロード

動画編集ソフトを選ぶ

用途やスキルレベルに応じたソフトで動画編集を行いましょう。初心者には「iMovie」や「Filmora」、プロフェッショナルには「Adobe Premiere Pro」や「Final Cut Pro」などが推奨されます。ソフトを使って、受講動画に適した、カット、トリミング、エフェクトの追加、音声の調整などを行いましょう。

自分で編集スキルを身につけるのもいいですが、動画編集には時間がかかるので、プロに依頼すれば時間の節約になります。プロに依頼するにしても、動画編集のポイントを知ったうえで依頼すると自分の希望が伝わりやすくなるので、基本的な編集技術は自分でも習得しておくことがおすすめです。

配布と拡散用の動画も用意する

編集した動画を最大限に活用するため、プロモーション用の動画も同時に制作しておくとよいでしょう。ＹｏｕＴｕｂｅ、ＳＮＳ、メール、ＷＥＢサイトなどあらゆる場面で利用できます。切り抜き編集して利用するのもよいでしょう。

動画のフォーマットと解像度の確認

せっかく編集した動画が、解像度が低くて画像が荒くなってしまっては台無しです。動画をアップロードする前に、適切なフォーマット（例：ＭＰ４）と解像度（例：１０８０ｐ以上）であることを確認しましょう。プライベート動画ではなく、料金をいただいて提供するものですから、クオリティにはこだわりましょう。

SECTION 05

eラーニングサイトとは

どの方法で動画で自己学習してもらうか

講座のために用意した動画やテキストなどの資料で自己学習してもらうには、受講生にわかりやすい形で提供しなければなりません。1つのサイト上に動画を順番がわかりやすいように配置して、受講生が「自分がどこまで進んでいるか」「必要な資料はどこにあるのか」など迷わず使えるようにしなければなりません。

このような自己学習サイトのことを「eラーニングサイト」といいます。eラーニングサイトを構築するには大きく分けて2通りの方法があります。

最もシンプルに作るなら、ワードプレスでサイトを作る方法です。ワードプレスでは、パスワードを知っている人だけが閲覧できるページを作成できるので、受講生だけがアクセスできるeラーニングサイトが作成できます。

ただし、月額課金で受講生が入れ替わる場合などはその都度パスワードを変更しなければならず、管理コストがかかります。

そこでおすすめするのが、「eラーニングサイト構築ツール」の利用です。eラーニングサイト構築に便利な機能があらかじめ用意されているので、受講生の管理、ID発行、コース管理、進捗管理や毎月教材を少しずつ配布したり、試験を設定したりと、講座に必要な機能が揃っています。メルマガ機能などの集客に必要なツールまで提供してくれるサービスもあり、ツールによって特色が違います。有名なeラーニングサイト構築ツールを2つ紹介します。

learningBOX

learningBOXは教材作成、問題・テスト作成、採点・成績管理など、eラーニングに必要な機能が揃った学習管理システムです。10アカウントまでなら、ほぼ全機能が無料で利用可能になっています。

UTAGE（ウタゲ）

日本語のツールで注目を浴びているのがＵＴＡＧＥ（ウタゲ）です。

優良な見込客を集客するＷＥＢページと会員サイトがセットになったマーケティングツールです。自動でウェビナーを開催して、自動で商品を販売するマーケティングの自動化が実現できるため大きな売上アップにつながる人気のツールです。

ＵＴＡＧＥはオンライン講座で使える会員サイト機能だけでなく、見込客を集めるランディングページ、商品販売ページ作成、メール配信、ＬＩＮＥ配信、会員サイト、決済システム、顧客管理、自動化など集客の仕組み化ができ、売上・集客の悩みを解決するオールインワンシステムです。

本書では、ＵＴＡＧＥの会員サイトを活用してｅラーニングサイトを構築することをおすすめしています。

SECTION 06

UTAGEでeラーニングサイトを構築する

サイト名・コース名や料金を設定する

UTAGEでアカウントを作り、eラーニングサイトを作っていきましょう。設定に必要な次の5点は先に用意しておきましょう。

①**会員サイト名**：さまざまなコースが格納されてもわかりやすい会員サイト名にしましょう。提供価値が端的に伝わる名前がおすすめです。

②**コース名**：講座の名前です。1行に入る文字数が限られているので、途中改行に注意しましょう。

③**コース画像**：講座のサムネイルになる画像です。縦横比16：9で作成するとサイズ

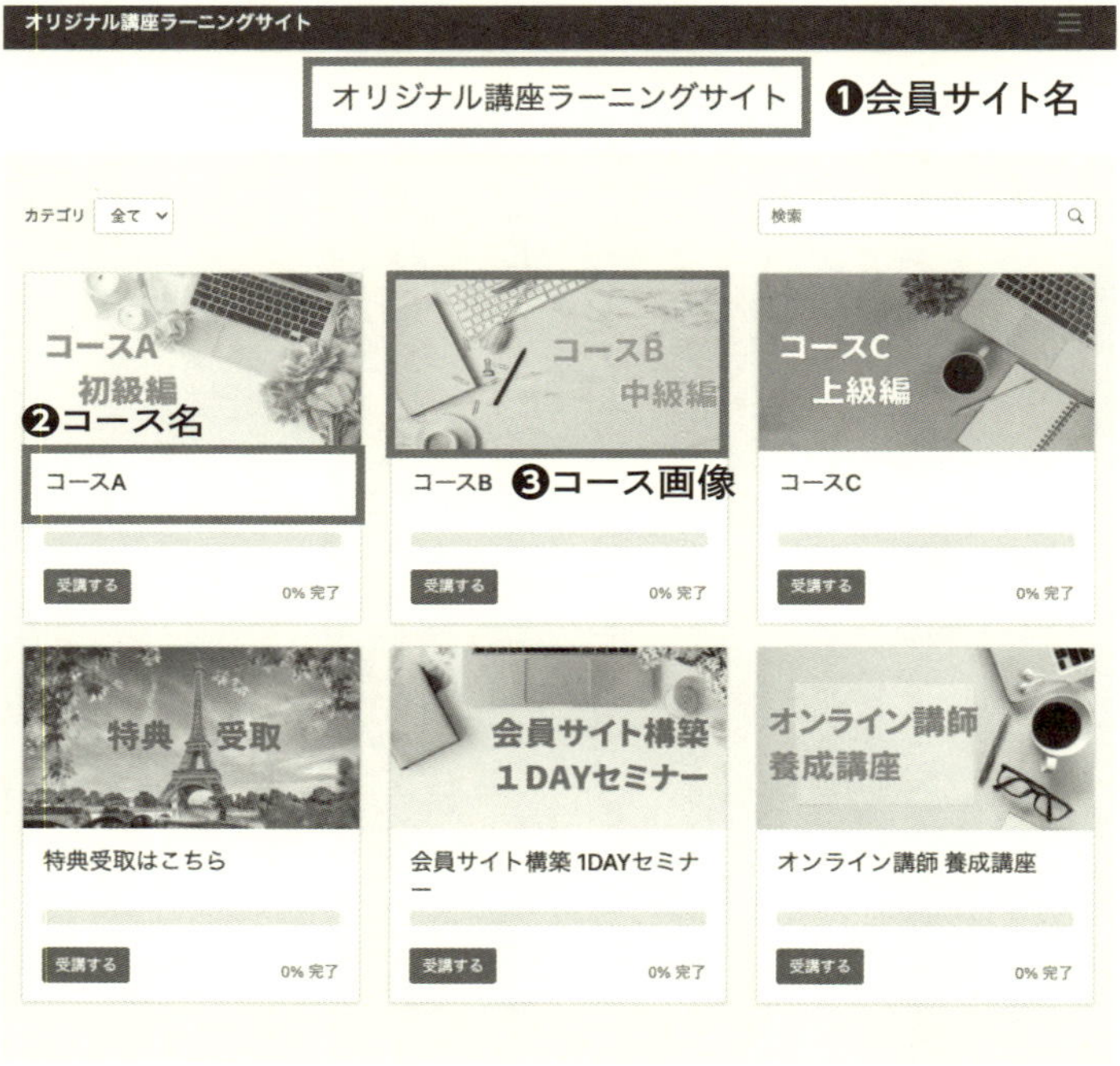

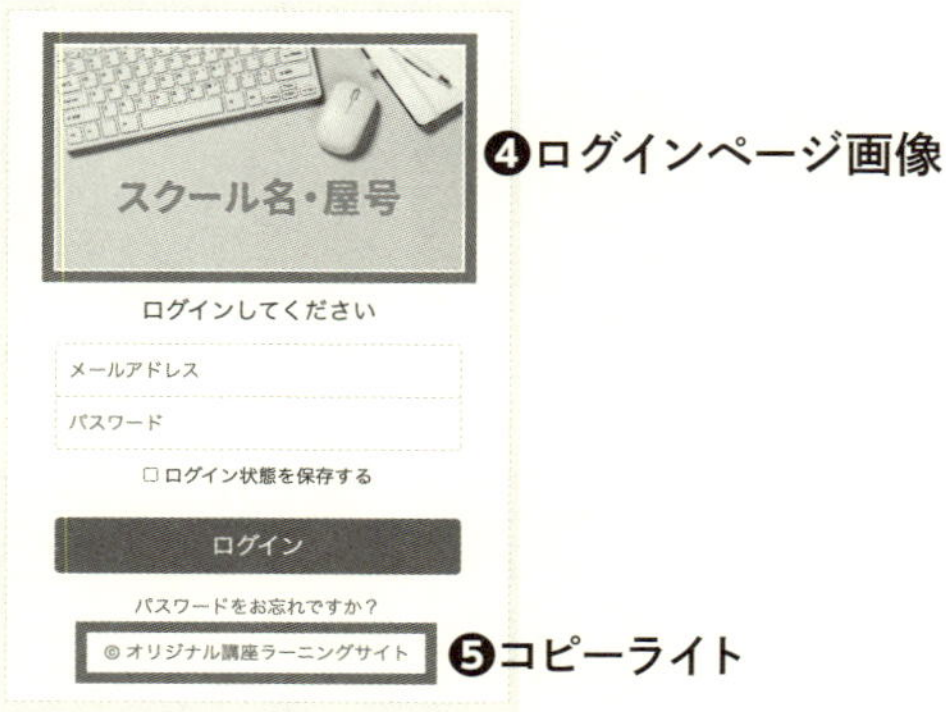

上）会員サイト例
下）ログインページ例

が揃って綺麗です。講座の世界観が伝わる写真やイラスト、色を設定しましょう。

④ログインページ画像：会員がログインする画面で使用される画像です。

⑤コピーライト：ログイン画面の下部に©の形で表示されます。

他にも、サイト名の下にお知らせを表示でき、最新情報などを掲載可能です。

UTAGEのスタンダードプランの場合、会員サイト数、コース数、レッスン数はすべて無制限で作成できます。

UTAGEのオンライン講座の構成

それでは、UTAGEにオンライン講座を設定していきましょう。

はじめる前に次の「会員サイトとコース構成の全体イメージ図」を見て、UTAGE会員サイト内の構成を確認してください。

UTAGE内の講座はこの図のような構成になっていて、購入した商品（バンドルコース）単位で受講生に解放します。

会員サイト名の中に複数バンドルコースがあり、その中にコースが存在します。コースの中には、レッスングループがあります。

このような構成になっていることを意識して、コースを設定していきましょう。コースを作りその中にレッスンを入れて講座を作成していきます。

会員サイトとコース構成の全体イメージ

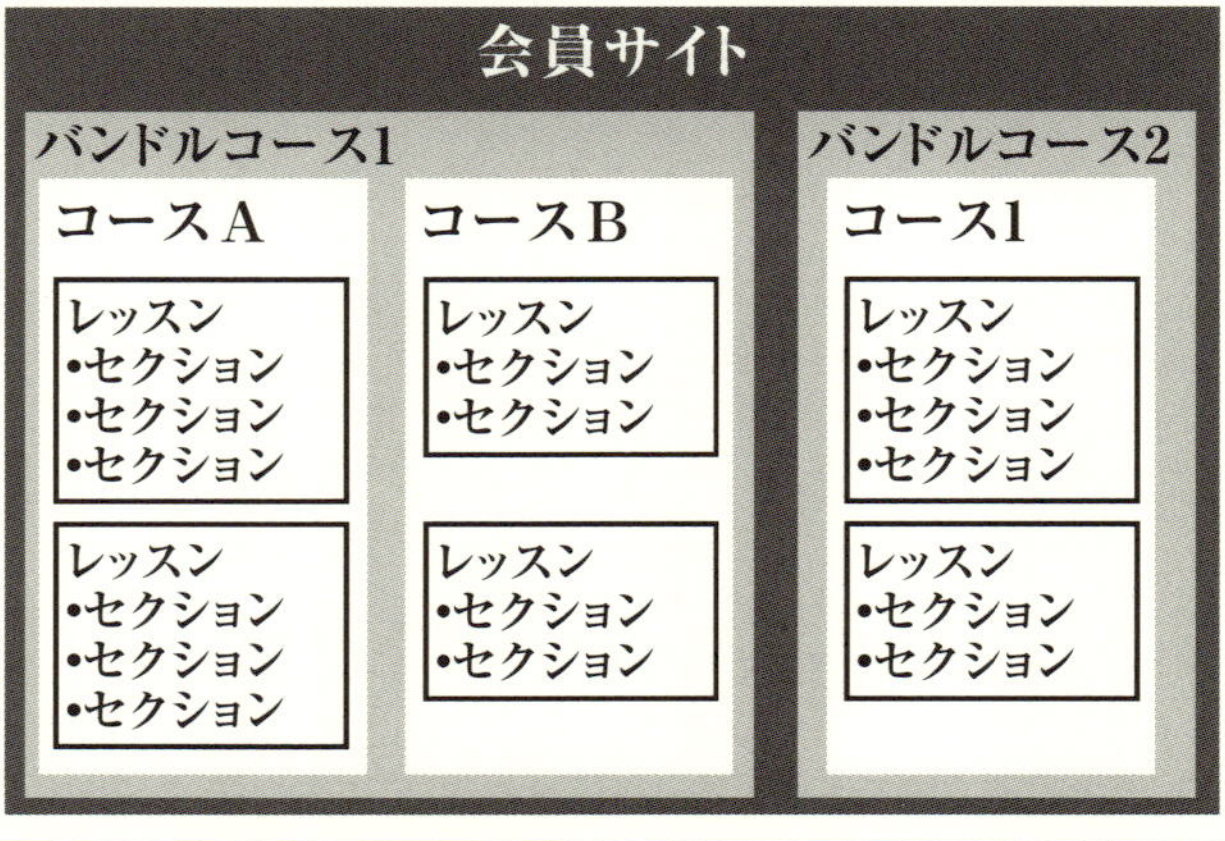

SECTION 07

UTAGEで案内を自動化する

UTAGEの配信機能

新しい受講生が参加するときに毎回ログイン情報の案内を送るとしたら、時間も手間もかかって大変です。

UTAGEのメール配信機能を使えば、そうした煩雑な作業を自動化して、効率よく受講者に必要な情報を届けられます。

どんな配信ができるのか

新規登録者やコース参加者に対して、登録確認やログイン情報（ID・パスワード）

を自動で送信できます。他にも、コース更新情報、学習イベントの告知など、受講者全員に向けて一斉にメールを送信することが可能です。

また、特定のユーザーに対して、個別にメールを送ることも可能なので、個別サポートや特定の受講者向けのフォローアップに活用できます。

さまざまな条件付きで自動配信できる

「この条件を満たしたらこのメールを配信する」というように、配信には条件がつけられます。新しく参加したら自動的に配信、登録から◯日後の◯時に配信のように条件設定が可能です。

これらの機能を活用することで、細やかな受講生へのフォローや通知が行えます。

詳細な設定については、別途解説ガイドをご覧ください。8ページのＱＲコードからアクセスできます。

CHAPTER 5

理想の受講生を集客する

SECTION 01

失敗しないオンライン集客戦略

集客も事前準備が大事

講座ができあがったら、次は受講生の集客がはじまります。集客をスタートしてから、あれが足りない、これが足りないとなってしまうと、不足分を集めるのに精いっぱいになって予定がどんどんずれ込んでしまいます。また、思いつきであれこれ集客しても、成果は得られません。集客も事前準備が大事なのです。

失敗しないオンライン集客15のヒント

集客で失敗しないために、次の15項目を守りましょう。

①無理のない集客スケジュールを立てる

集客には、準備すべきことが多数あります。いつまでに何をやるのかのTODOをピックアップし、準備日数を考慮して受講料の入金確定日から逆算して計画を立てましょう。業務を外注する場合はさらに日数にゆとりを持って進めてください。

②数字にコミットする。目標数値と、締め切り日を決める

目標の集客数、売上額を決めましょう。自分がわくわくする数字をセットします。

③逆算して計画を見える化。ガントチャート、スプレッドシートで管理

目標の売上を達成したい日から逆算して計画を進めます。一目で進捗がわかるツールを活用して、集客の開始日から完了日までの情報を可視化しましょう。ゆっくり順番にやっていくと、どんどん間延びしてしまう可能性大です。

④0期生募集の前に、モニター募集をして一度はテストする

実際の開催スケジュールに無理はないか、カリキュラムに再現性はあるかなど、実際に開催してみないと気づかないこともあります。はじめて講座を開催する人は0期生開催前に、まずはモニターさんでテストをしておきましょう。協力者を募り、周囲で有料モニターに協力してくれる人を早めに探しておきましょう。

⑤0期生から、お客様の声を集めておく

0期生は、定価価格よりも割引した価格で受講してもらいます。割引の代わりにフィードバックをいただけるようにお願いしておきましょう。実際に受けてみてどうだったか、気になるところをどんどんヒアリングして、理想のカリキュラムに仕上げます。集めたお客様の声は1期生募集に活用しましょう。

⑥魅力的なプロフィールを書き上げる。プロフィール写真の準備

プロフィールではあなたの想い、専門性・魅力や強み・世界観をしっかり伝えます。

プロフィール写真が古いものしかない、プロフィールの実績も随分前からアップデートされていないようでは、魅力が伝わりません。最新に更新して準備しましょう。

⑦ターゲット設定、悩みの書き出しをしてターゲットにブレがないか再確認

集客のターゲットを今一度確認します。集客の文章を作る前に、丁寧に納得いくまで言語化し、再確認しましょう。ターゲット設定が間違っていたり、悩みを直接理解していないと講座が売れません。

⑧自分に最適なSNSを選び、初期設定、発信をはじめる

ＳＮＳの発信は早めにはじめましょう。ＳＮＳはかんたんそうに見えて、魅力的なプロフィールの設定やリサーチ、運用方法、投稿ルールなどの方向性が定まるまでに時間を要します。フォロワー獲得から集客の流れを作るなら半年から1年はじっくり気長に取り組みましょう。

⑨メルマガスタンド、LINE配信ツールを必要に応じて準備する

メルマガ配信の準備も早めにはじめましょう。初期設定やステップメール配信の設定、署名・メールの定型文の作成など、一つ一つやっていくだけでも多くの時間が必要です。配信コンテンツを作成する時間も必要です。LINE公式のメッセージ配信ツールの連携や、リッチメニュー画像の作成、あいさつメッセージ、応答メッセージのセット、アイコン画像の設定など、お客様との交信でスムーズに使えるように準備をします。

⑩WEBマーケティングの学びを深める

あなたに適した集客はどんな手法でしょうか？「あなたから買いたいお客様」だけを集める方法は一つだけではありません。トライアンドエラーをくり返しながら自分の勝ちパターンを見つけましょう。

理想のお客様を惹きつけるために見込客に効率的にリーチして成果を上げるならWEBマーケティングの学びをはじめましょう。マーケティングのルールや集客の知識

を学んでいくと、最初はよくわからない用語も徐々に理解できるようになります。

⑪あなたにとっての「集客の定義」を決める

集客＝「新規のお客様を集めること」だけではありません。

ブランド力を上げ、独自性を発揮し、認知拡大すること。さらに、「リピーターを増やし、くり返し買ってくれるお客様を増やすこと」も集客といえます。

あなたにとっての「集客」とは何でしょうか。集客は大変そう、ノルマみたいでいやだ、と考えることもできますが、逆に「ご縁が広がる」「お客様のニーズを叶えて役に立つこと」ともいえます。あなたの「集客の定義」は何ですか？

⑫自分のブランドコンセプトに合った素材を準備する

たとえば、ＺＯＯＭの背景、名刺、ロゴ、特典資料の表紙デザイン、スライドの表紙などよく使うテンプレのフォーマットのデザインなど。どれも配色がばらばらより、統一感があるほうが、プロフェッショナル感を演出できます。

⑬困ったときに助けてくれる人、相談できる人を見つけておく

同じ舞台で活躍している人でないとわかり合えない悩みもあります。同級生や近所の友達に相談しても「へぇぇ、すごいね」で終わって解決にならないことも。迷ったとき、困ったときに気軽に相談できる仲間やメンターを見つけていきましょう。

⑭理想の未来をしっかりイメージしておく

この講座事業を通してあなたが叶えたい未来をビジュアライズしておきましょう。見込客に語れるレベルまで、カラフルにイメージし言語化しておきます。

⑮計画がうまくいったときのご褒美も決めておく

「このご褒美があれば、大変なことも乗り越えられる！　つらいことも我慢できる！めげずにがんばれる！」そんな「ステキなご褒美」、ゼロスタートから0期生の開催まで「よくがんばった！」と達成感を感じられるご褒美を用意しておきましょう。

SECTION 02

0期生の体験会・説明会を設計する

0期生を集める

その講座の初回では、1期生の正式募集の前に「0期生」の受講生を集めます。0期生に向けて、講座の価値を体験してもらう体験会や説明会を企画しましょう。

体験会とは

コースの一部を実際に体験してもらうことで、ニーズのミスマッチを防ぐとともに、コースが自分にピッタリかどうかを体感してもらうための会です。

説明会とは

開催するコースの内容、期間、価格、参加方法、参加するとどうなれるかなどを説明し、受講を検討してもらうための会です。第1章の「オンライン講座5つのパターン」でご紹介した説明会も参照してください。

体験会&説明会の流れの例

講座によって内容は変わってきますが、体験会や説明会の基本的な流れは大まかには次のような感じになります。

・挨拶、アイスブレーク
・体験会開催の目的、なぜ開催するのかを説明
・自己紹介、開催に至ったストーリー、講座を開催してどうなりたいのかを説明
・どんな人におすすめなのか、参加者の悩みに共感し解決法を提示する

・今の問題を解決するには何が必要なのかをレクチャー
（今の問題解決に必要なことを伝えて、最短最速で解決できるのが今から体験してもらう講座であることを理解してもらう）
・ワーク、セッションなどで実際の講座の一部を体験してもらう
（できれば、ビフォーアフターを体感できる内容がおすすめ）
・体験してもらった感想を確認して、講座受講に興味があれば、講座の詳細を伝える

お試しコンテンツ組み立て時の7つの心がけ

体験会や説明会を開催する際には、次の7つを心がけます。自分なりの必勝パターンを見つけて、たくさんの人に喜んでもらえる体験会を開催していきましょう。

①講座のターゲットの悩みやニーズに合ったメッセージをタイトルにする。
②体験会の募集ページの内容に相違がないように組み立てる。開催前の告知情報と照

らし合わせずに思いつきで作ると、募集ページと実際の内容が全然違うと思われてしまう。

③すでに気づいている悩みだけでなく、今悩みを引き起こしている本当の理由まで伝えて、参加者の悩みの解決策がこの講座であることをわかってもらう。

④講座説明の後に、必要に応じて個別の相談会を実施して本音を聞き出し、悩み解決のために何が必要なのかを伝える。

⑤背中を押すことは大事ですが、明らかに必要のない人への強引な売り込みは禁物です。無理に買わせると、満足度が下がり、悪い口コミが広がるので要注意。

⑥参加者から感想をもらい、次回の募集に役立てる。

⑦終了後に「次回までの改善点」の振り返りをする。何度か開催していくと、自分の伝えたいことが明確になり内容が洗練され、説明会後の申込率も上がってきます。

思うように講座の申込率が上がらない場合は、体験会や説明会の組み立てに問題があるか、講座のターゲットに合わない人が来ている可能性が高いです。募集方法を見直すか、組み立てたストーリーを再検討しましょう。

くり返し使える体験会&説明会テンプレートを書籍購入特典としてご用意いたしました。ぜひ8ページのQRコードからダウンロードしてお使いください。

体験会の内容に迷ったら……

体験会や説明会で講座の内容を話しすぎると、「自分でやってみます！」となってしまうし、出し惜しみしすぎると「自分に必要かわからない」となりがちです。本編の内容をどこまで体験会に盛り込むのかは悩むところですが、盛り込む内容のヒントを5つ紹介します。

ヒント1

体験会では、メリットを感じる、好奇心を刺激してドキッとさせる、ここでしか学べないことを伝える、やる気を引き出す。「問題をクリアした理想の未来を提示して、それを手に入れるには、この講座で学ぶこと」だと、言葉で直接的に伝えるよりワークなどを通して自ら気づいてもらえるのがベストです。

ヒント2

なりたい自分への最短ルートがここにあることや、サポートしてもらいながら疑問を解消してスキルがしっかり身につくなど、メリットや付加価値を伝えます。

どこまでサポートしてもらえるのか、それがないと自力で達成するのが難しいことに気づかせる内容をどれだけ盛り込めるかがポイントになります。

ヒント3

体験会が有料、無料に関わらず、「来てよかった、学びになった」と思ってもらえる内容は必須です。「まさかここまで！」「目からウロコ！」「感動した！」などどこまで感情を動かせるのか？　これを意図して作り出しているかがとても大事です。

ヒント4

「この参加費で（無料で）これだけ教えてもらえるなら、有料で参加したらもっと身につきそう、変化できそう！」と感じてもらう必要があります。

ヒント5

参加者に対して「これから伝えるのは全体像の一部です」と伝えてもっと続きを知りたくなるようにチラ見せします。問題解決のために他に何が必要なのか（WHAT TO）をわかりやすく、かつ惜しみなく伝えましょう。

とはいえ、やり方まで伝えてしまうと「帰って自分でやってみます！」となるので、やり方（HOW TO）までは伝えないように。

「何が必要なのかはわかった。でも一人でやるのは難しい。だから講座で学んでみよう」やってみようと思ってもらえる流れを体験会で作れるとベストです。

SECTION 03

見込客に価値提供して信頼を築く

リードマグネットとは

体験会や説明会に興味・関心を持つ見込客を集めるために、先に無料コンテンツ（動画や資料）を渡して価値提供します。WEBページの訪問者はメール登録やLINE登録して無料コンテンツを受け取ります。

このような場合で利用する無料コンテンツはマーケティング用語で「リードマグネット（Lead Magnet）」と呼ばれます。見込客（リード）を惹き寄せる磁石という意味です。リードマグネットに惹かれて見込客が集まってリストイン（メール登録やLINE登録）してもらえるように、魅力的な無料コンテンツを用意しましょう。

おすすめリードマグネット10選

リードマグネットにするコンテンツは、見込客の意欲を高め、あなたのオリジナリティ、価値、権威性が伝わり、ファン化が進むことを意図して作成します。また、「これが欲しいからメルマガ登録する！」と思ってもらうために、今一番の悩みを解決するテーマで作るのがおすすめです。具体的には、次の10種類のコンテンツがリードマグネットとしておすすめです。

・初心者向けの基礎知識資料
・コンテンツの使い方、ポイント、要点をまとめたもの、お役立ち資料
・チェックリスト、チェックシート
・ノウハウ実践ワークシート・テンプレート
・診断テスト、分析
・メルマガ、ステップメール配信でメールレッスン配信

・無料動画レッスンを配信（単発、3回シリーズなど）
・無料小冊子、電子書籍
・お客様の声、事例集
・ロードマップ

ワーク：あなたはどんなリードマグネット（無料コンテンツ）を準備しますか？
そのとき、どんなタイトルをつけたら響くでしょうか。

「無料コンテンツを渡して終わり」にならない、次に進んでもらう5つのヒント

無料コンテンツを届けたのに、その先の行動（体験セミナーに参加する、説明会や個別相談に申し込む）に進んでくれないということが多々あります。

スムーズに次のステップに進んでもらう工夫として、次の5つのヒントを参考にしてみましょう。

①「期間限定○日までのダウンロード」のように**必ず期限を設ける。**

②「今すぐボタンをタップして参加」のように次に**必要な行動を伝える。**

③登録したら**何が得られるのか明確に伝える。**

例）「LINE登録してください」↓「登録すると3大特典プレゼント！」

「今すぐメールレッスンに登録！」↓「期間限定で無料動画セミナープレゼント！」

④先に進んだ**参加者の声をシェアし、参加者の未来の姿を見せる。**

⑤「もっと知りたい」「やりたい」を引き出すために、「これがあれば近道できそう」「いいものもらった！」と信頼感が高まるプレゼントを準備しましょう。

また、自分でも競合の無料特典に登録してみて、見込客が登録しそうな特典はどんな特典なのかをリサーチしましょう。

次のセミナー、説明会、体験会は有料？　無料？

メルマガ登録直後の興味が高いうちに、セミナーや体験会を案内します。これらを有料にするべきか、それとも無料にするべきか、どちらがよいのでしょうか。

結論からいえば、人それぞれです。無料で開催している人もいれば、有料で千円以下や三千円以上と、価格はさまざまです。でも、最初は無料で提供することをおすすめします。

無料で開催するときの注意点としては、「無料」「タダですよ！」と強調しすぎないことです。無料目当ての人は、無料体験が終わったら講座の説明を聞かずにそそくさと退席してしまいます。無料だから参加する人ではなく価値を感じて参加する人を集めたいですよね。キャンペーンスタート前に、無料なのか有料なのかをじっくり検討しましょう。

SECTION 04

自然に買いたくなる仕組みを作る

マーケティングファネルとは

「マーケティングファネル」とは、顧客が商品やサービスを購入するまでのプロセスを段階的に分類し、図式化したフレームワークです。

「ファネル（Funnel）」の意味は「じょうご」です。図の形が逆三角形でじょうごに似ていることから名付けられました。

じょうごの上から水を入れると、下の口から出てきますよね。

それと同じで、上から自分のターゲットになりそうな人を集めるだけで、自然に購入客になるプロセスがマーケティングファネルです。もちろん実際集めるのは水ではなく人ですから、途中で離脱していく人がいます。プロセスの進行に従って認知→興味・関心→比較・検討→行動・購入に至るまでに、見込客がだんだん絞り込まれていきます。

講座集客に例えると、あなたの情報をネット上で見つけて「認知」し、リードマグネットに興味を持ちメールアドレスを登録し、受け取った無料コンテンツに価値を感じ「興味・関心」を持ちます。講座のコンテンツを体験してみたくなり、体験会や説明会に参加し、受講する価値があるのか「比較・検討」し、最終的に「行動・購入」して、受講生になります。

ファネル作りで最も重要なことは、見込客を取りこぼすことなく「比較・検討」ま

マーケティングファネル

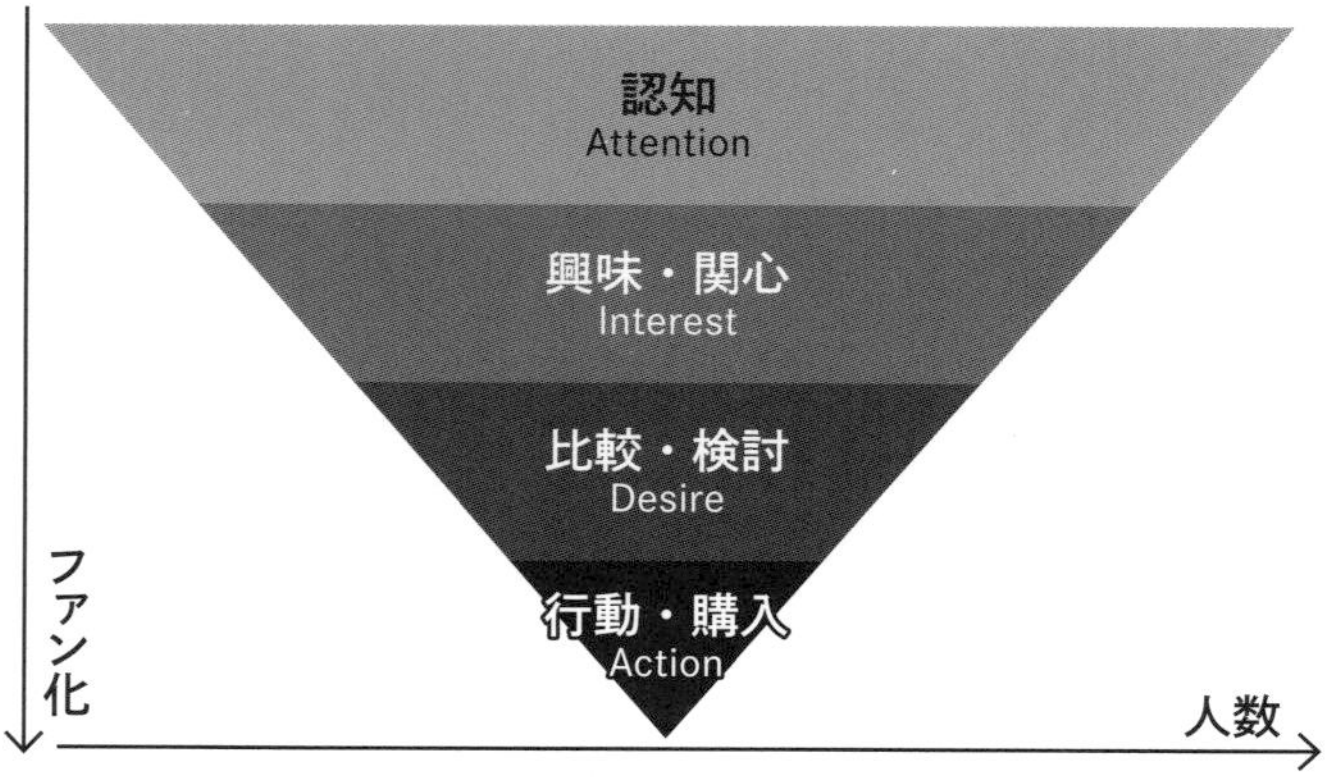

で進んでもらい、「行動・購入」する確率を最大化することです。

あなたの講座集客ではどんなファネルを作りますか？

オンライン講座のマーケティングにファネルをどう活用すればよいでしょうか。ファネルの流れを理解することは、集客の流れを理解することにつながります。認知から購入までを実現するためにそれぞれのフェーズで、見込客がアクセスするページが必要になってきます。ここからはファネルの各フェーズの詳細と見込客がアクセスするページについて紹介します。実際の講座集客で作成が必要なページと作り方は次節で解説しています。「自分に合う講座を探している見込客」があなたの講座に申し込むまでの流れを見ていきましょう。

認知

検索（Search）→発見（Discovery）→認知（Attention）

「何かスキルアップできることがないかな」「この悩みってどうしたら解決できるんだろう?」とキーワード検索をした人があなたのコンテンツに関するキーワードを発見し、さらにあなたの発信や広告を見つけて、「こんなサービスがあるんだ!」と認知します。ここでより多くの人に認知してもらう必要があります。

【認知フェーズでのマーケティング】

認知の段階では、SNS、ブログ、メルマガ、YouTube、WEB広告などで見込客に見つけてもらう努力をします。自分の専門性を知ってもらうブログ、SNS、書籍、電子書籍、広告、チラシ、イベントなどを作成して自分を認知してもらいます。

興味関心

興味・関心(Interest)→関係構築(Engage)→共感(Sympathize)

あなたの情報を見ているうちに、無料特典や動画セミナー(リードマグネット)に惹き寄せられ、興味を持ちメールアドレスやLINE登録します。無料セミナー動画でさらに興味関心を持ちます。あなたの想いや発信に共感してもらい、信頼関係を構築していきます。さらに投稿を見て自分の問題解決に何が必要なのか？　あなたの講座サービスに興味・関心を深めます。体験会への参加意欲を高める情報を提供します。

【興味関心フェーズでのマーケティング】

特典（リードマグネット）を配布してメールアドレスやＬＩＮＥ登録を促すオプトインページと、登録完了後に見せるサンクスページで体験会や説明会に誘います。

メルマガの登録フォームと特典をお渡しするためのステップメール、ＬＩＮＥから特典を届ける場合はＬＩＮＥ登録用ページとＬＩＮＥステップも作成します。無料動画配信でさらに価値提供して見込客の関心を高めます。

比較・検討

確認（Check）↓試用（Trial Use）↓比較・検討（Desire）

見込客は無料体験セミナーやワークショップに参加し、実際に講座コンテンツをお試しで学んでみたり、他のサービスと比較しながら、どれが自分に合うのかを確認します。最終的には、個別相談を受けたり購入サイトを見て、価格や内容を比較検討します。

【比較・検討フェーズでのマーケティング】

ＷＥＢセミナーや個別相談・体験セッションを開催し、見込客に講座の価値を直接伝えます。その際に、体験会やイベント申し込みページ、個別相談申込フォームが必要です。

購入

行動（Action）

最終的に購入という行動に至ります。「認知してもらったのに購入するお客様がいない！」という状態になっていないか確認しましょう。「価格が割に合わない」「本当に効果があるのかわからない」となると、申込率が下がります。多くの人に購入のフェーズまでスムーズに進んでもらうために自分の必勝パターンを見つけていきましょう。

【購入フェーズでのマーケティング】

成約時に必要なサービス購入・決済ページ、カード決済を受けつけるなら決済システムの準備、購入後にサービス提供をするための会員サイトなどを作成します。

以上がオンライン講座購入までの見込客の心理変化とフェーズごとにやることです。このように集客ではそれぞれの段階で、さまざまなページの作成が必要になってきます。載せる文章や素材などをどんどん準備しておきましょう。

見込客が通るファネルを知ることで、この見込客がファネルのどのフェーズにいるのかが理解しやすくなります。また、どこで止まっているのかがわかり、フェーズに応じた対策ができるようになります。自分の講座の場合はどうなのかを考え、ファネルの中でやることを組み立ててみてください。

SECTION 05

売り込まずに自然に売れるLP作成

ランディングページ（ＬＰ）とは

ランディングページ（ＬＰ）とは、商品やサービスの購入、資料請求などの特定の行動（コンバージョン）を促すページのことをいいます。

見込客が最初にあなたのサービスに触れるのがランディングページ（ＬＰ）になります。

ＬＰは情報を得たい訪問者に「行動をしてもらう目的」で作成します。どんな行動をしてもらうかにより、ＬＰに載せる情報が異なってきます。講座集客では３つのＬＰを用意するとよいでしょう。

それぞれの場面で必要なLP

①オプトインLP

広告やSNSからユーザーにメールアドレスを登録してもらうことを目的としたランディングページ。アクセスした見込客は、リードマグネット・特典を受け取る必要性をLPから読み取り、メールアドレスを登録したり、LINE登録します。

その際、「ご登録ありがとうございます！」と感謝を伝え、魅力的なプレゼントや特典を渡します。

②体験会募集LP

動画コンテンツやワークブックなどの特

それぞれの場面で必要なLP

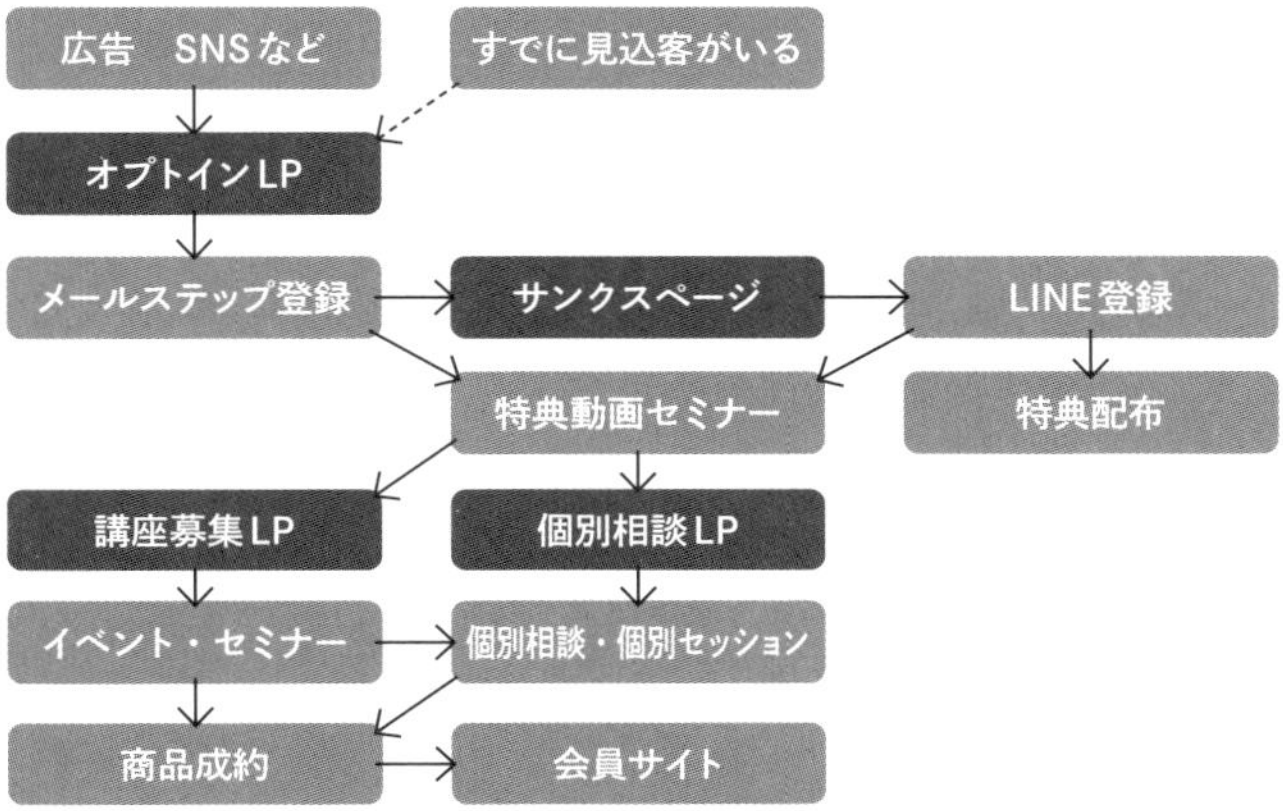

典を受け取り、さらにサービスに興味を持った人に体験会や説明会の価値を伝え、参加を促します。セミナーや説明会の参加を受付するときに必要なのが**体験会募集ＬＰ**になります。

③個別相談・個別セッション申込みＬＰ

サービスや講座申込みを検討中の見込客と個別で相談を受付するためのＬＰです。

相手によっても作るＬＰが変わってくる

また、相手によって作成するＬＰは変わってきます。対面で自分の商品の魅力を直接伝えられるなら、相手の反応を見て何を話すのかその場で対応できますが、オンラインでＬＰを読んでもらうならそうはいきません。相手の知識レベルに対応したＬＰが必要になります。

相手の知識レベル**（初心者、中上級者、プロレベル）で使う用語を変えたり、**最後まで飽きずに読んでもらうために図や写真でイメージを伝える、動画を加えるなどして、文字だけでは伝わりきらない情報をカバーします。
いろんなＬＰをリサーチして、申し込みたくなるページの特徴、構成を研究しましょう。

体験会募集ページの構成・全体像

ＬＰは基本的に縦長の構成になっており、長さは目的により異なります。また、どのような行動を喚起しているかによって何を書くのかも異なります。今回は体験会への申込みを促すためのベーシックなＬＰのテンプレートを紹介します。シーンに応じてアレンジしてご利用ください。

ターゲットコピー

「○○で悩んでいる（○○になりたい）△△で××な方へ」のように、思わず続きを読みたくなる言葉で呼びかけ、「これ私のことだ！」と思ってもらいます。

キャッチコピー

「○○できる（なれる）△△です」「○○しながら□□しませんか？」など、講座のコンセプトを端的に伝えます。新規性、限定性、意外性、具体性などを盛り込みます。

裏付けとなる証拠

実際の成果を、写真・結果・実績・証拠・お客様の声などの納得性のある情報を入れて説明します。すでに成果が出ている事例を伝えましょう。

ボディコピー

なぜこの講座を開催するのか、なぜこのような証拠を作ることができるのか、誰もが納得する理由を説明します。提供する内容、受け取れる情報、参加するメリットなどを具体的に書きましょう。

オファー

講座名・時間・価格・お支払い方法などを説明、紹介します。

講師プロフィール

講座を担当する講師を紹介します。

リスク対策

「自分にできるかな？　本当かな？」と感じている人のために、ＦＡＱ、返金保証・分割払いなど、購入や申込への不安に対する言葉がけをします。

行動喚起

「今すぐエントリー！」など、今、どんな行動をしてほしいのかを明確に伝えます。その際、行動することでどんな未来が手に入るのかもきちんと書きましょう。

エントリー・申込ボタン

見込客が好む色、コピーを添えてボタンを設置します。

ランディングページのデザインはネット検索するといろいろ見ることができます。

「ランディングページ（LP）集めました。」「LP最新デザイン」で探してみたり、SNSで表示される広告をたどってみましょう。

体験会募集LP完成後のチェック項目

次の疑問に対応する答えが入っているかチェックしてください。

- □「エントリーするとどんな問題、課題が解決するのか」
- □「どんな不安や悩みから解消されるのか」
- □「得られるメリット・費用対効果があるのか」
- □「エントリーしないと、どんなデメリット・損失があるのか」
- □「エントリーすると何が解決し、どんな未来が手に入るのか」

SECTION 06

UTAGEを使って説明会・単発セミナーを開催しよう

UTAGEでイベントを開催する

UTAGEは、イベントの企画・募集から管理、フォローアップまでを一元化できるオールインワンのイベント機能を提供しています。イベントフォームの作成やサンクスページ、リマインダー配信まで、必要な機能がすべてワンパッケージとなっているため、効率的かつかんたんにイベントを運営できます。

UTAGEのイベント機能でできること

UTAGEのイベント機能は、多様な管理機能と柔軟なカスタマイズオプションを提供しており、次のような便利な機能が利用できます。

定員管理機能

イベントの定員を設定し、参加者数をリアルタイムで確認・管理できます。

リマインダー配信

イベント前に参加者へ自動でリマインダーメールを送信できます。リマインダー配信のテンプレートを事前に設定しておけば、毎回手動で送る必要がありません。

有料イベント／無料イベントの管理

有料イベントの場合は決済システムと連携させて、参加費の徴収ができます。

申込締切時刻設定

イベントへの申込締切時刻を設定でき、受付を自動的に終了させられます。

参加状況の管理

参加者の出席状況を管理し、イベントの進行状況を把握できます。

参加日程の振替

参加者が都合により日程変更を希望する場合に振替ができる機能が備わっています。

キャンセル時の自動リマインダー解除

イベントのキャンセルが発生した際には、自動でリマインダー配信が解除され、無駄な通知が送られないように調整されます。

申込者のCSVダウンロード

申込者の情報をCSV形式でダウンロードできるため、外部でのデータ管理や分析がかんたんです。

申込者情報の外部連携（ＷｅｂｈｏｏｋＡＰＩ）

ＷｅｂｈｏｏｋＡＰＩを利用して、申込者情報を他のシステムと連携させることも可能です。

申込フォーム項目設定

申込フォームの項目を自由にカスタマイズし、イベントの内容に応じた情報を収集できます。

イベント参加後の後追い配信

イベント後に参加者へ自動的にフォローアップメールを配信できます。

各日程の申込者一覧

イベントごとの日程に基づいて、参加者一覧を確認・管理できます。

参加状況、成約状況の一括更新

参加者の出席や成約状況を一括で更新できます。

個別相談・個別予約も可能

UTAGEの個別相談は、イベント予約作成と同様に作成できます。個別相談は担当者ごとに日程調整が可能で、重複申込の禁止など個別相談の予約に便利な設定ができるようになっています。

ZOOMと連携設定をすると、予約後にZOOMリンクが自動発行されます。

SECTION 07

0期生の講座を実施する

0期生の講義はリアルタイム配信がおすすめ

受講生が集まったら、いよいよ0期生に向けて講座をスタートさせます。講座は必ず、設計したカリキュラムに従って実施しましょう。カリキュラム通りに進めてみなければ、どこに改善点があるのかを検証できません。0期生の講座はリアルタイムのオンライン配信で行うことをおすすめします。オンラインではなく対面で会場を借りて開催も可能です。受講生の成功ストーリーを実現できるスタイルを選択しましょう。リアルタイムで講義を実施し、カリキュラムを改善した後に講座動画を撮影・編集する、その後eラーニングサイトを構築するという流れが理想的です。

0期生の目標達成のためにやるべきこと

0期生の運営が成功しなければ、1期生、2期生と続けていくことは難しくなります。しっかりと0期生に成功してもらうために目標達成を後押ししましょう。

学びの実践の場を設ける

受講生と直接対話できるライブセッションやQ&Aセッションを定期的に開催し、満足度を高めましょう。受講生が主体的に参加することの重要性を伝え、疑問を解消し、理解を深めるサポートを行います。行動することが成果に直結します。また、課題や演習を通じて、実践的な学習やスキルの習得をサポートします。

個々のレベル・進捗に合わせたサポート

受講生の進捗状況を管理し、個別にフォローアップすることで、学習の定着度を向上させます。希望者にオプションで個別の併走サポートをつけるのも効果的です。

受講生の自立を助けるコミュニティ作り

受講生が講師に依存せず、自立できるように促しましょう。「教えてもらわないとできない」ではなく、受講生が積極的に参加できるオンライン交流会やグループコンサルティングを活用し、学習のモチベーションを維持します。コミュニティの一体感を育てることで、お互いに助け合える環境を整えます。夢を叶える仲間とつながる場作りは、リピート率アップにつながります。

同時進行で次回募集の準備をはじめる

0期生の講座を行うのと並行して、次の1期生の集客の仕込みを開始しましょう。講座は、受講生からのフィードバックを元に改善してバージョンアップをくり返していくので、次回の講座は今回よりも魅力的なものになります。それは集客も同じで、回を重ねるごとにバージョンアップしていきましょう。

次回の集客をラクにするためにやるとよいこと

①**開催レポート**：参加者の様子を伝え、見るだけで行きたくなるレポートを書く。

②**写真素材を集めておく**：集合写真や自分が話している写真、受講生と話している写真、受講生同士で話す写真、受講生が実践・学習に取り組む写真などを撮影しておく。

③**ステップ配信を追加する**：０期生募集で使用したメールやＬＩＮＥでのステップ配信を見直し、修正、加筆する。

④**参加者とライブ配信**：参加者の生の声を届けて、同じ属性のターゲットの興味づけをする。

⑤**アンケート・個別のフィードバックを整理**：アンケート、個別の意見交換を行い、受講生の感想や改善点を集める。次回のＬＰや説明会で使える要素を抜きだし、いつでも引用できるようにしておく。

⑥**活動の場や発信の場を広げる・他力で見込客を集める**：地域のカルチャーセンター

やWEB上のストリートアカデミー、Udemy、ココナラなど、自分のコンテンツをPRできる場を広げる。同じターゲットを持つコンテンツホルダーとのコラボライブ、コラボフェスタなどの他力も活用する。

⑦**自動化の準備を進める**：くり返し説明している内容や作業を徐々に動画化して教える仕事を自動化。任せられる人や外注を見つけてチームを作る。

CHAPTER 6

長く売れ続けるためのヒント

SECTION 01

ワクワクする販売キャンペーンを企画

販売キャンペーンのルーティン化を目指す

自分の年間予定に合わせながらいつ講座を開催するのかを決め、その3ヵ月前から準備をはじめましょう。講座の集客には随時募集または定期募集があります。

講座は年2回や年3回、毎月など時期を決めて募集したほうが、日々の業務が複雑にならずにすみます。最初は不定期開催からはじめても大丈夫ですが、ゆくゆくは定期開催にし、募集をルーティン化してみましょう。

キャンペーンの時期はいつが最適？

販売時期に応じてどんなキャンペーンが打てるのか、1年分をリストアップしました。季節性のあるテーマを取り入れると、期間限定感が出せます。ぜひ参考にしてください。

1月

年始は特に、「今年はこれにチャレンジしよう！」と一年の目標を立てる人が多いタイミングです。「ターゲットの悩みを解消し、目標達成を後押しする」販売キャンペーンを1月に開催することで熱量の高い見込客を集客できます。

2月・8月

2月と8月は、ニッパチといわれ、閑散期とされることが多いです。私の体感としても、2月と8月は申し込みが減りやすいと感じています。2月は風邪やインフルエンザが流行りやすく、年末年始忙しかった人がちょっとゆっくりしたい時期なので動きが少ないのでしょう。ですので、2~3月は、4~5月の春本番、あったかくなって動き出そうかなと行動をしたくなる時期に向けた仕込み・準備に当てることをおすすめします。8月はお盆休みや夏休みなどの影響で反応が減りやすい時期です。9~10月の募集に向けて、8月は仕込みの時期にしましょう。

4~5月

春は募集のチャンスです。春になると、「新しく何かはじめよう!」という気持ちになる人が増えるからです。カルチャーセンターなどでも、春の募集キャンペーンはよく行われています。行動したい人を後押しできる、キャンペーンを企画しやすい時期といえます。

6月

6月は「年始に決めた目標が、半年過ぎても全然実現できてない!」「今年の目標はどうやって達成するの？」と焦る人を集めるチャンスです。

7月

7月は、1年の半分を折り返した直後のタイミングです。「今年立てた目標は達成しましたか？　折り返しを過ぎた7月になってもまだ実現できていない人はいませんか？」という訴求ができます。

9～10月

9～10月は、春と同様、カルチャーセンターでも秋の募集に力を入れる時期です。読書の秋、食欲の秋というように、多くの人が行動を起こしやすい時期です。次の年が近づく時期なので、「12月まで残り3ヶ月！　年内に目標達成できていない人はいませんか？」といったカウントダウン訴求も効果絶大です。

11月

11月は行動したい人を集めて、駆け込み的に「年内の目標達成をぎりぎりでもいいので叶えよう！」という、「滑り込みセーフ！」の提案ができます。

また、11月以降は、「来年の目標を今から立てよう！」「来年の計画を前倒してスタートしよう！」といった訴求は前向きなお客様のニーズにぴったりです。

12月

12月は、クリスマスプレゼント、クリスマスキャンペーンを打ちましょう。いつもよりもお安くレッスンチケットの回数券が買えるとか、「今年の感謝を込めて！」といったメッセージでクリスマスキャンペーンや一年の大感謝キャンペーンを行います。

そして、クリスマスのプレゼントが終わったら、年始の1月へ戻ります。

新年は、何個かサービスをセットにして、お安くお得に買える「福袋キャンペーン」や、「お年玉プレゼント」として無料プレゼントを用意するのもおすすめです。年末年始の忙しい時期に、ちょっと準備が大変かもしれませんが、「行動するお客様」を増やしたいならぴったりの時期ですので、ぜひチャレンジしてみてください。準備は10月からスタートしましょう。

自分の必勝パターンを見つけよう！

くり返し集客をしているうちに自分の勝ちパターンが見えてきます。

勝ちパターンを知っているのと知らないのでは、結果も行動も大きく差がつきます。毎回ゼロから考えるのは大変です。

キャンペーンを毎年の恒例行事化すると、お客様も「そろそろ、あのキャンペーンの時期だよなぁ！」「今回はどんな企画かしら？」と楽しみに待ち受けてくれるようになります。お客様が毎回楽しみにしてくれる＝リピーターが長く残ってくれているということ。回数を重ねるごとに集客が楽になる方法を試し、この流れでやれば集客がうまくいくというあなたの必勝パターンを見つけていきましょう。

いつでもできるキャンペーン

思い立ったらいつでもできるキャンペーンのアイデアも活用していきましょう。

- **無料体験キャンペーン**：通常のサービスを期間限定で無料で体験できる
- **入会金免除のキャンペーン**：入会金を設定して、キャンペーン中の入会は無料にする
- **コラボ企画**：類似ターゲットを集客したい人とコラボでイベントやライブを開催して集客する
- **チャレンジ企画**：30日チャレンジ、7日間チャレンジなど、参加者と期間内で1つのテーマにチャレンジする

キャンペーン企画時の必須要素

・期限を区切ること（期限のない企画は、キャンペーンではない）
・今すぐ解決したいテーマを扱うこと（今すぐでないテーマでは行動しない）
・季節的なタイミングを意識すること（今、相手は何に困っている？）
・自分の必勝パターンを見つけること（集客の仕組みをルーティン化する）

ワーク：**あなたは、いつどんなキャンペーンを企画しますか？**

SECTION 02

プレーヤーからマネージャー思考へ

一人でやらずにチーム化しよう

たとえば、ホテル経営を一人で行うのは不可能です。予約受付、フロント業務、清掃、調理、仕入れ、宣伝など、すべて同時に一人でこなすことはできません。同様に、オンライン講座運営もすべてを一人で行っていると、規模を大きくするのは難しいです。一人で運営するのが目的なら問題ありませんが、売上の限界を突破するならチーム化が必要です。チームを作ることで、同じ24時間でも一人でやるよりより多くの仕事量をこなすことができるのです。

集客の流れがある程度できてきたら、事務スタッフの増員や広告運用、ＬＰデザイン、体験会や説明会、講師などを他の人に任せることを考えましょう。チーム作りを恐れず、新しい視点で挑戦することが、自分の可能性を広げる第一歩です。

チームスタッフの見つけ方

まずは講座の卒業生からスタッフになってくれそうな人を探してみましょう。カリキュラムを理解しているため、業務もスムーズに進みやすいでしょう。また、SNSで募集をかけると、あなたの活動を理解している人が応募してくれるかもしれません。必要なスキル、どんな人に来てほしいか？　何を助けてほしいのかを伝えます。

ただし、卒業生や身近な人だからというような理由だけで選ばず、チームの一員にふさわしいスキルや実力があるのかをしっかり見極めるようにしてください。

さらなる「自己超越」を目指すには

マズローの欲求5段階目の自己実現欲求までを自力で果たした人は、次の階層の「自己超越」の段階を目指すことになります。自己超越の意識は自己よりも利他、他者のために貢献したいと力を尽くすことです。そのためには、周囲の力を借りることが必要になってきます。

うまくいかないこともあるかもしれないけど、それらはあなたを強い経営者へと成長させてくれるチャンスになるでしょう。

オンライン講座を作り広めていけば多くの困っている人の助けになります。一人で広めるよりもチームで広めたほうがもっと早くより多くの人に届けられます。あなたのコンテンツで幸せな人を増やし、あなたの想いのバトンを未来へつなげていきましょう。

SECTION 03

ファンがあつまるリピート戦略

リピート購入を起こす講座とは

オンライン講座では、同じ講座を何度も購入する人はいません。一度購入して完結する「買い切り商品」を提供すると、リピートが起こりにくくなります。すべてのノウハウを一度に提供してしまうと、受講生が満足してしまい、次の購入に繋がらなくなります。とはいえ、内容を中途半端にしてしまうと顧客満足が得られず、悪評につながる可能性もあります。では、クオリティを落とさずリピートさせるにはどうすればよいのでしょうか。

そこで、「**講座のレベル分け**」と「**受講生のタイプ分け**」でリピートを促します。

講座のレベル分け戦略

講座を一回の大作にまとめるのではなくレベル分けします。入門編、初級編、中級編、上級編や、ベーシック、アドバンス、スペシャリスト、マスターといったように段階的に構成し、受講生にステップアップを促すことで、継続して学んでもらえるようになります。

「もうこれ以上は上位カリキュラムを作れない」という限界がきたら、同じターゲットに向けてテーマを変えた講座の横展開を考えましょう。たとえば、薬膳食を学んだ受講生に対して、薬膳茶や舌診・脈診・薬膳スイーツなどの少しずらした新しい知識を提供することで、長期的なリピートを促せます。

受講生のタイプ分け戦略

受講生をタイプ分けする際、「知識収集思考」「独立思考」「広く浅く思考」「専門性レベルアップ思考」の4つに分類して戦略を練ります。

知識収集思考：学ぶこと自体が好きで、どんどん新しい知識を集めたいタイプです。このタイプの受講生は、学習意欲が高く、リピートしやすい特徴があります。ずっと安心して学べる環境を提供することで、長く学び続けてもらうことが可能です。

独立思考：知識を吸収したら早く実践して独立したいタイプです。知識を学んだ後は自分で収入を得るために活用したいので、すぐ卒業してしまってリピートはあまり期待できません。独立思考の受講生には、著作権トラブルを避けるために、利用規約に規定を盛り込むようにしてください。受講前に知識の流用やテキストの使用についてのルールを明示しておくことが重要です。独立後のフォローアップサービスでリピートを狙いましょう。

広く浅く思考：全体像を把握したり、広く浅く汎用的な知識を得たいと考える人たちです。新しい分野に興味を持ち、好奇心旺盛に学び、選択肢が増えたりネタの引き出しが増えるのを喜びます。やりたいことを探している人、求職中など、空き時間を使って学んでみたい人などが対象です。

専門性レベルアップ思考：特定の分野で専門性を高めたいと考える人たちです。この層には、より深く狭く高度な知識を提供するコンテンツが向いています。

4つのタイプを組み合わせて誰にどんなコンテンツを届けてリピートしてもらうのか方向性を決める参考にしてください。

たとえば、次のような方向性が考えられます。

・「1年後に独立を目指すために専門性を身に付ける」

受講生のタイプ分け戦略

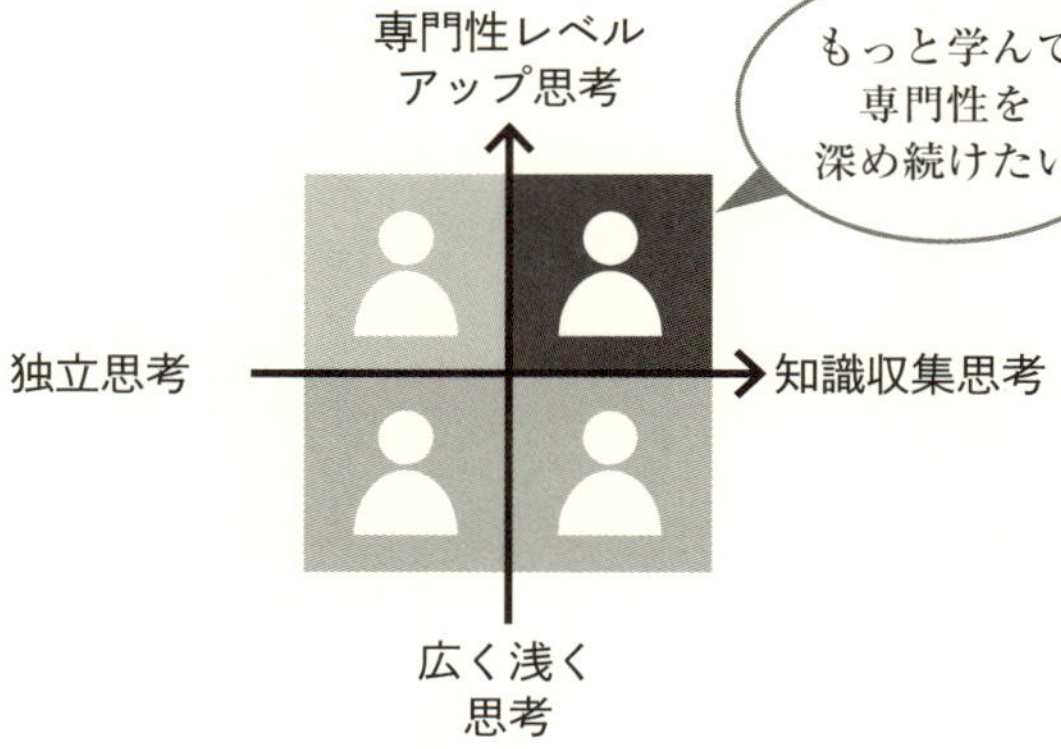

・「今ある空き時間を使って、幅広い知識を身につける」
・「専門性を深めて、ビジネスや人生の質を向上させる知識を学ぶ」

受講生のタイプに応じた講座作りのコツ

自分の得意な受講生のタイプがつかめると、受講生の心に響くテーマで講座を量産できるようになりますよ。

サブスクの継続サポートを提供する

修了生向けのサブスクサービスがあれば気軽にリピートしてもらえます。講座によっては、基本を学んでしまったら、あとは継続だけをしていけばいいコンテンツがあります。逆にいえば、継続しないと学んだ成果が出ないパターンです。たとえば、減量・トレーニング、体質改善、SNS投稿などです。

このようなコンテンツは、講座と継続サポートのセット提供がおすすめです。少しでもサボると結果が出ない場合は、伴走型、密着型サポートでコミュニケーションアプリなどを活用して受講生が成果を出せる仕組みを作ります。

継続サポートのアイデア

たとえば、「ソロキャンプのはじめ方を学んだ受講生」に対して、定期的に新しいキャンプサイト情報やレシピを提供してキャンピングスキルを向上し、実践を続けてもらいます。ＳＮＳ用の映え写真投稿のコツや最新のキャンプグッズやキャンププランを紹介します。コミュニティで情報交換したりオフ会イベントでつながりを作ります。

サブスクリプション化とコミュニティの活用

こうした継続サポートには、サブスクモデルとコミュニティ化が効果的です。毎月楽しく役に立つコンテンツを提供し、グループミーティングやＱ＆Ａの回答を通じて受講生のモチベーションを維持し、「継続課金」するのが当然になるとうれしいですよね。

スポット的なイベント開催で、呼び戻し作戦

継続サポートをせずに少し遠のいた人を定期的なイベントやコンテスト、発表会を開催することで、呼び戻します。もう一度楽しさを感じてもらい、受講生同士の交流を通し「またやってみようかな」と続きの講座に対する期待を持たせます。リトリートやチャレンジ企画、ワークショップなども効果的です。

代行業務でキャッシュポイントを増やす

既存のサービスに「代行業務」を追加することで、追加購入を促せます。受講生が自分で行うのが難しい作業や時間がかかる手続き・設定を、あなたが代わりに行うサービスでキャッシュポイントを増やしましょう。

代行サービスの例

設定代行：ＬＩＮＥの初期設定やＳＮＳプロフィールの設定など、技術的な作業を代

わりに行います。メルマガの設定、アプリの設定など。

作業代行：ライティングや画像作成、動画撮影・編集などのクリエイティブな作業を代行し、受講生の負担を軽減します。ＳＮＳ投稿、広告運用、台本作成など。

プロデュースやブランディング：受講生のビジネスをプロデュースしたり、ブランドデザインや集客戦略をサポートすることで、売上アップのサービスを提供します。

診断・分析：栄養分析や価値観分析、キャリアやライフスタイルの診断を行い、受講生に合わせたアドバイスを提供します。アクセス分析、マーケット分析など。

このような代行業務は追加のキャッシュポイントを生み出すと同時に、受講生との関係を深めることも可能です。

やり方を教えるよりもこちらでやってしまったほうがお互いの負担が減らせるのでおすすめです。

SECTION 04

「○○といえばあなた」と認知される専門家へ

お客様が来ない最大の理由とは？

ふと立ち寄ったお店で「美味しくて雰囲気もいいのに、なんでお客様が少ないんだろう？」と感じたことはありませんか？　しばらくして再訪すると、そのお店がインスタで話題になり、大行列になっていた……なんて経験はよくあることです。

ではなぜ、以前はお客様が少なかったのでしょうか？　その理由はたった一つ、「**知られていなかったから**」です。どんなに素晴らしい商品やサービスを提供していても、それが知られていなければお客様は来ません。しかし、一度知られればお客様は集まり、有名店になれば行列ができます。

「よいサービスを提供しているのに、なぜお客様が来ないの？」と悩む前に、まずは「知ってもらう」ことに力を入れてください。でも、講座のような情報提供サービスは、スイーツ店のカラフルなパフェのように写真でバズを狙うのは難しいです。

「○○といえば、あなた」を発信しよう

ふとステキな人を見つけて「この人、いいかも」と思ってネットで検索しても、情報が全く出てこないと不安になってしまいます。でも逆に、「業界では、この先生が有名」や「この先生の考え方に共感できる」と認知されているなら、販売や提案がスムーズに進みます。

集客ができても、販売につながらなければ意味がありません。

自分より後発なのにどんどんフォロワーを増やしている先生を見て焦ることもあるでしょうが、まずは自分の魅力を自分自身が信じて認めて、発信をしていきましょう。

「私なんてまだまだ…」と控えめになるのはもったいないです。時にはあざとく自分の

魅力をＰＲし、表舞台にどんどん出ていきましょう。

「あ、この人なんか好き♡」を作り出すために

「ザイオンス効果」とは、同じ人に複数回接触することで好印象を持たれる理論です。あなたをネット上で何度も目にした見込客は、あなたに親近感や安心感を抱くようになります。体験会や説明会の集客を楽にするためにも、あなたを見つける経路をできるだけ増やしていきましょう。

現代では文章を読む人が減り、ショート動画の人気が高まっています。映像は文字の５０００倍の情報を伝えられます。１分の動画は３６０万〜４００万文字に相当する情報量になります。あなたらしさを発揮する動画発信を取り入れて「あ、この人なんか好き♡」を作り出す雰囲気美人にあなたもなれますよ。「○○といえば、あなた」という専門家ポジションを確立しましょう。

SECTION 05

資格講座、養成講座、認定講座化する

高単価にして講座を販売するには？

オリジナル講座が成功し、「私も同じように教えられるようになりたい」「講師養成カリキュラムを作ってほしい」という声をいただくようになったら、養成講座を作るチャンスです。養成講座や資格取得講座は、高単価で販売しやすい商品です。

高単価にしやすい一番の理由は、受講生が習った後に教えたりサービス提供ができて収入が得られるので、受講費用回収のイメージがしやすいからです。

講座の販売価格が50万円だったとしても、受講後に15万円で講座を開けるようになるなら、４人目以降は黒字化できるという計算になりますよね。

月3万円のサービスに6ヵ月通ってくれるお客様が3人いれば4人目から黒字化できます。

ただし、高額な講座を販売するには集客やライティングのスキルが必要です。受講生自らが商品を販売できるようにするには、養成講座に加えて集客やビジネス講座も開いてあげるとよいでしょう。

講座ビジネス・資格講座・養成講座の違い

3つの講座スタイルの大きな違いは次の点です。

・あなた自身がずっと教え続けるのか？（YESなら講座ビジネス）
・受講生が他の生徒に教えることができるようにしたいか？（YESなら資格講座・養成講座）
・受講生が特定の講座を指導できるようにしたいか？（YESなら認定講師養成講座）

認定発行者になり単価アップ&全国展開

自分だけで活動する専門家のデメリット

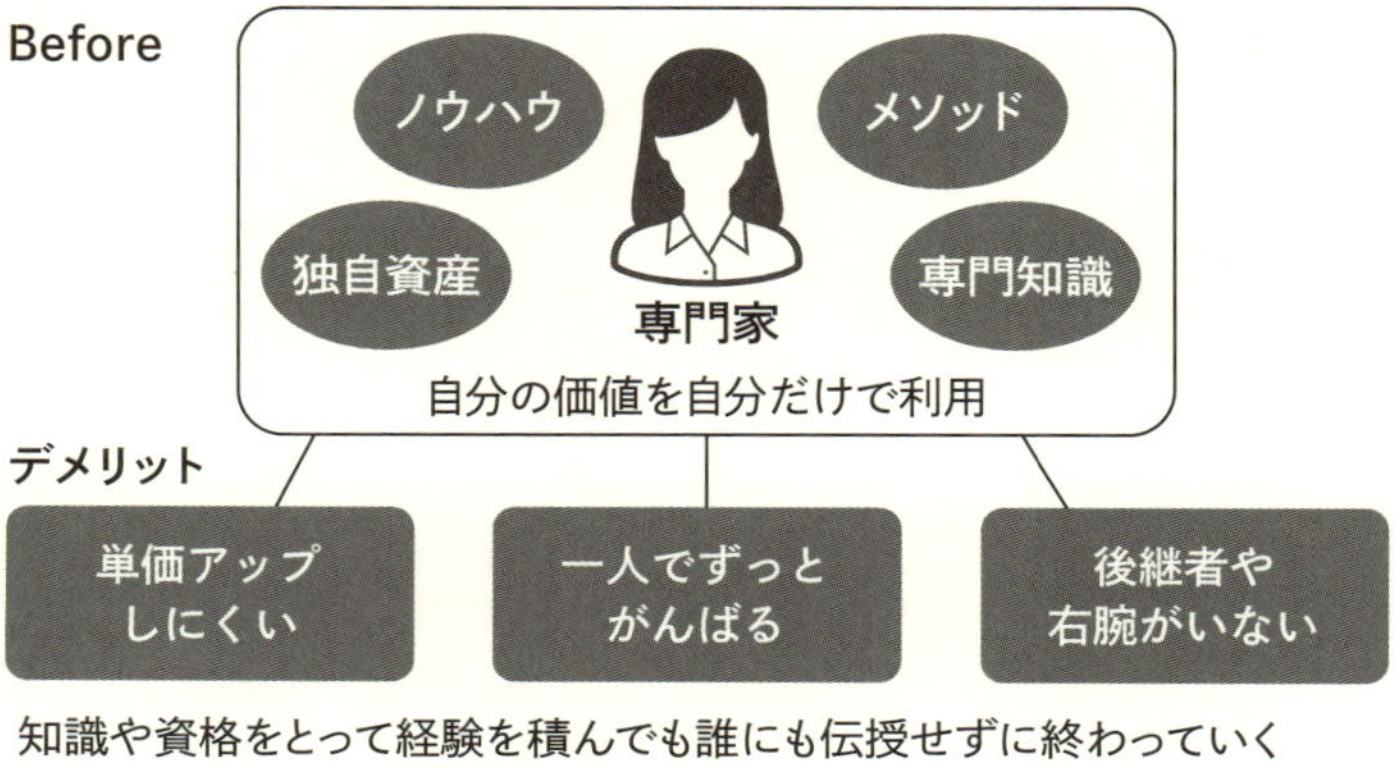

認定発行者になり単価アップ＆全国展開

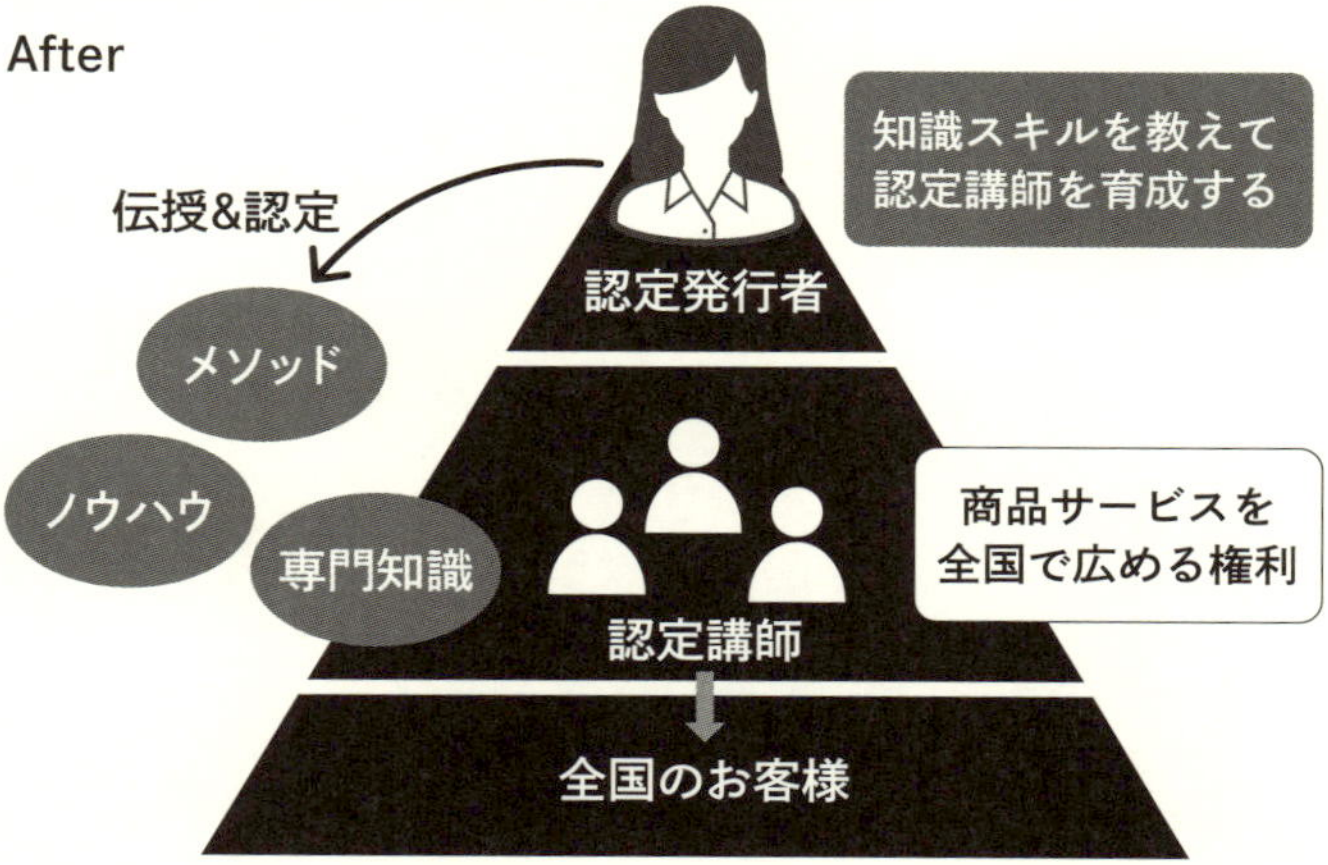

今後どうなりたいかによって、スタイルを選びましょう。

認定発行者になるときの注意点

「認定発行者になるとすごくお金が儲かりそう！」と思われがちですが、一概にはそうともいえません。

認定できるレベルのノウハウを教えることは「ノウハウ流出のリスク」や「真似されるリスク」が伴います。また、自分と同じものを教えられる人を育成すると自分の教えるものがなくなるという問題もあります。

加えて、「お金を払えば何でも教えてもらえる」という考えを持つ受講生や、習ったことをすぐに真似する競合が増えることも考慮し、人選は慎重に行う必要があります。

誰にどんな認定を発行してどんな講師を育成したいのかを事前によく検討しましょう。

講師養成講座の大きなメリット

養成講座や講師講座導入にはたくさんのメリットもあります。最大のメリットは、あなたが目指す未来やビジョンを一緒に作り上げる仲間を集められることです。そして仲間と世界を変えられることです。

そもそもあなたは、なぜ最初の講座を作ったのでしょうか？　こんな人を増やしたい！　誰かに貢献したい！　と思ったからではないでしょうか？

講座を作った理由や貢献したかったことを振り返り、本当にあなたがやりたかったことを詰め込めば、理想を実現できる養成講座が設計できるはずです。

でも、養成講座はリピートが少ないです。同じ講座を複数回受けることはないため、**収益は「受講生数 × 受講単価」に限られます**。したがって、養成講座修了後のリピート化も一緒に計画していきましょう。

SECTION 06

週末集中で講座を作ってみよう

週末を使ってオリジナル講座を作ってみませんか？

これで本書の内容はすべて終了です。かなりのボリュームで大変だったかもしれませんがわくわくして読んでもらえていたらうれしいです。本書を読み終えてみて講座作りにチャレンジしてみたくなったら、まずは週末の2日間で集中してオリジナル講座を作ってみてください。

第1章から第3章で説明した手順に従ってステップごとに進めていけば、自然と講座の形ができていきます。1つ1つに想いを込めてわくわくしながら、ノートに書き出して進めてみましょう。

今はまだ形がなくても大丈夫です。少しずつ夢の扉を開いていきましょう。

手書きのメリットを活かそう

私のおすすめは、大きな紙を用意して手書きでどんどんアイデアを出していくことです。なぜ手書きがいいのかというと、最初からパソコンに入力してしまうと、変換ミスや誤字の修正に気を取られ、クリエイティブな思考が停止してしまうからです。

まずは、アイデアを「とにかく出しつくす」ことを意識しましょう。

「出しつくすフェーズ」と「整えるフェーズ」を完全に分けることが、アイデアを豊かに生み出すコツです。最初はとにかくアイデアを紙に書き出し、後から見やすく整えるという流れでやってみてくださいね。

UTAGEを活用して講座を構築してみよう

UTAGEを試してみたい人は、8ページのQRコードからアクセスしていただくと14日間無料でお試しできます。気軽にサインアップして試してみてください。「週末にまとまった時間が取れない…」という人も、焦らずに進めてください。細切れの時間でも、少しずつ積み重ねていけば、やがて完成に近づきます。もしまだ準備が整っていない場合は、自分の強みを整理したり、リサーチを進めたりしてまずはスタートしてみましょう。

重要なのは、プロセスを楽しむこと。完成日を決めて、そこから逆算して計画的に進めるのもおすすめです。オリジナル講座のワークショップを開催していますので、ぜひご参加ください。講座作りのポイントやUTAGEの効果的な活用法もお伝えしますね。これからはもっとオンライン講座やeラーニングサイトを持つことが当たり前の時代が来ます。「あのとき作っておけばよかった」と後悔しないようにこの大きな波にみんなで乗っかっていきましょう。

おわりに

この本を手に取っていただき、本当にありがとうございます。

起業してから14年、「自分らしく輝く人を増やしたい」と走り続けてきた私の、いつか本を出版して、講座作りの素晴らしさを伝えたいと思ってきた夢が叶いました。

いつまでも全力で活躍できたらいいけれど「情熱的に仕事ができる時間は、あとどれくらい残っているのだろう？」と計算してみたら、40歳すぎから70歳まで働いたとして、残りは約１５００週間でした。この時間をあなたならどんなふうに使いたいですか？　それに問いを立てる本になったと思います。私は、専門家の知識、ノウハウを講座にして次の世代に残していくサポートがしたいと思っています。

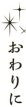

オンライン講座ビジネスの魅力は、パソコン1台あれば、いつでもどこでも仕事ができるということ。すでに本業がある方、柔軟な働き方や新たな収入源を求める方や、子育てや介護があり自宅で働きたい方にも、チャンスを与えてくれます。

本書では、収入の柱を増やしたい方、講座化にチャレンジしてみたいけど何からはじめたらいいのか迷っている方にもわかるように、講座のアイディア出しから、講座構築、集客まですべてを1冊に盛り込みました。

色々と盛り込みすぎた原稿を受け止めて、短期間でとても読みやすく編集してくださったケイズパートナーズの山田 稔さん、本当にありがとうございます。

いつも応援の言葉をかけてくださるみなさま、困ったときに力を貸してくだった方、本書を一人でも多く届けるためにご尽力いただいたみなさまに感謝申し上げます。

そして、私のもとに生まれてきてくれた息子ジェイミー、あなたのおかげで新しい世界に飛び出し、新しい体験をしながら共に成長を楽しめています。本当にありがとう。私のチャレンジを笑顔で支えてくれた家族にも感謝します。いつもありがとう。

この本で、あなたの可能性を再発見し、一度きりの人生がもっと輝くきっかけになることをお祈りしています。

オンライン講座構築コンサルタント　カー　亜樹

著者紹介
カー 亜樹（かー あき）
教育起業家／オンライン講座構築コンサルタント

専門家の知識ノウハウをコンテンツ化しWebを活用した集客をサポート。養成講座では700名以上を育成。講座の構築から進行方法、集客戦略、認定講師の育成まで、認定講師制度や協会の設立支援など、幅広いノウハウを提供。

マイクロソフトオフィシャルトレーナーとしてこれまで70,000人以上にITサポートを提供してきた経験を活かし、初心者が楽しみながら学べる教材の開発や、売れる講座の企画、次々とオリジナルコンテンツを生み出すコンサルが得意。

クライアントの強みや才能を引き出すオンライン講座プロデュースを通じて、講座設計からeラーニング化、集客、認定講師の育成までをトータルで手がけている。

自分の強みや才能を開花させPC1台で自由に働くライフスタイルの実現をめざし邁進中。

オンライン講座の作り方と売り方
あなたの知識、スキル、ノウハウは誰かの価値になる!

2024年11月28日　初版第一刷発行

著　者　カー 亜樹
発行者　宮下 晴樹
発　行　つた書房株式会社
〒101-0025　東京都千代田区神田佐久間町3-21-5　ヒガシカンダビル3F
TEL. 03（6868）4254
発　売　株式会社三省堂書店/創英社
〒101-0051　東京都千代田区神田神保町1-1
TEL. 03（3291）2295
印刷／製本　株式会社丸井工文社

©Aki Kerr 2024,Printed in Japan
ISBN978-4-905084-83-9

定価はカバーに表示してあります。乱丁・落丁本がございましたら、お取り替えいたします。本書の内容の一部あるいは全部を無断で複製複写（コピー）することは、法律で認められた場合をのぞき、著作権および出版権の侵害になりますので、その場合はあらかじめ小社あてに許諾を求めてください。